KU-302-410

Groenlandia
(Dinamarca)

Alaska
(EE UU)

CANADÁ

Ottawa

ESTADOS
UNIDOS

Washington

I. Bermudas (RU)

REP. DOMINICANA
Santo Domingo

I. BAHAMAS
Nassau

HAITÍ

I. Hawai
(EE UU)

MÉXICO
Ciudad de México

BELICE
Belmopan

La Habana

CUBA

PUERTO RICO
San Juan

GUATEMALA
Guatemala

JAMAICA

HONDURAS

Puerto Príncipe

EL SALVADOR
San Salvador

Tegucigalpa
San José

Caracas

NICARAGUA
Managua

COSTA RICA

Panamá

PANAMÁ

Georgetown
Paramaribo
Cayenne

VENEZUELA

GUAYANA FRANCESA

Bogotá

COLOMBIA

GUYANA

I. Galápagos
(Ec.)

Quito
ECUADOR

SURINAM

BRASIL

PERÚ

Lima

La Paz

Brasilia

BOLIVIA

PARAGUAY

Asunción

CHILE
Santiago

URUGUAY

Montevideo

Buenos Aires

ARGENTINA

Fronteras internacionales

Capital de Estado

I. Malvinas (RU)

I. Georgias
del Sur (RU)

Chester

A College of the
University of Liverpool

Library

Dificultades del español

PRÁCTICOS

Consultoría didáctica
Isabel Alonso

Proyecto editorial
Paloma Jover
Concepción Maldonado

Autoría
María Luisa Capón
Manuela Gil

Revisión
Ruth Guajardo

Diseño de interiores y maqueta
Diana López

Diseño de cubierta
Alfonso Ruano
Julio Sánchez

Coordinación editorial
Paloma Jover

Dirección editorial
Concepción Maldonado

Comercializa
Para el extranjero:
EDICIONES SM
División de Comercio Exterior
Joaquín Turina, 39 - 28044 Madrid (España)
Teléfono: (34) 91 422 88 00 - Fax: (34) 91 508 33 66
E-mail: internacional@grupo-sm.com

Para España:
CESMA, SA
Aguacate, 43 - 28044 Madrid
Teléfono: 91 508 86 41 - Fax: 91 508 72 12

© Ediciones SM, Madrid
ISBN: 84-348-9358-4
Depósito Legal: M-1.499-2003
Impreso en Huertas, I.G., S.A. Fuenlabrada (MADRID)

ÍNDICE

En español, los pronombres personales de sujeto (*yo, tú, él...*) no suelen aparecer en la frase.

● **Forma de los pronombres personales de sujeto**

yo	vivo, hablo		nosotros, -as	vivimos, hablamos
tú	vives, hablas		vosotros, -as	vivís, habláis
él, ella, usted	vive, habla		ellos, ellas, ustedes	viven, hablan

● **Uso de los pronombres**

— En español, generalmente los pronombres no aparecen en la frase, porque el verbo ya contiene esa información.

> Mira, el de la derecha se llama Roberto. **Es** un chico colombiano muy simpático que **vive** en el piso de enfrente. **Vino** a España para estudiar y ahora **trabaja** aquí.

— Los pronombres sí aparecen en determinados contextos que presentan un contraste entre personas.

- Cuando el verbo no está presente.

> Javier no quiere salir y **tú** tampoco. (*... and you neither*)
> – ¿Quién pidió tortilla de patata?
> – **Yo** no. (*not me*)
> – **Yo, yo...** (*me, me...*)

- Cuando puede haber ambigüedad, especialmente con *él, ella, usted* y *ellos, ellas, ustedes*.

> Aquí estoy con Ana y Luis. **Ella es** médico y **él es** enfermero.
> (*es* can be either *él* or *ella*)
>
> ¿De dónde **son ustedes**? (*son* can be either *ustedes* or *ellos*)
>
> Fue un error muy gracioso. **Yo pensaba** que **él era** inglés y **él pensaba** que **yo era** americana, pero los dos éramos españoles.
> (*pensaba/era* can be either *yo* or *él, ella, usted*)

- Cuando es necesario marcar en el contexto que hay más de un participante y se produce alguna oposición entre ellos.

> – ¿Son ustedes ingleses?
> – No, **yo soy** australiana y **ellos son** irlandeses.
>
> – Para cenar tenemos chuletas con patatas.
> – ¡Tenemos un problema! **Yo como** carne, pero **ella es** vegetariana.

- Para identificarse o identificar a otros: el pronombre va después del verbo (y los dos en la misma persona).
  - Luis, ¿**eres tú**? (*Luis, is it you?*)
  - Sí, **soy yo**. (*Yes, it's me.*)
  - ¿Los señores Solves? (*Mr. and Mrs. Solves?*)
  - Sí, **somos nosotros**. (*It's us.*)
  - ¡El número 25! ¿El número 25, por favor?
  - ¡Eh! ¡Qué **eres tú**, despierta! (*Hey! That's you, wake up!*)

ATENCIÓN

El uso correcto de los pronombres de sujeto en español **depende del contexto**, de cuántas personas intervienen y de la necesidad de establecer una oposición o contraste entre ellas.

ATENCIÓN

¡**Yo no sé** nada!	(*I don't know anything.*)
No sé yo...	(*I am not sure...*)
entre **tú y yo**	(*between you and me*)
excepto **yo**	(*except me*)

Errores más frecuentes

● **En los casos en los que no deben aparecer los pronombres**

— Querido Rafa:

Yo llegué el viernes a El Cairo; el hotel es bastante bueno; mañana yo voy a hacer una excursión a las pirámides...

Querido Rafa:

Llegué el viernes a El Cairo; el hotel es bastante bueno; mañana **voy** a hacer una excursión a las pirámides...

> **El pronombre sujeto no aparece** cuando no hay oposición con otras personas.

Errores más frecuentes

● **En los casos en los que sí deben aparecer los pronombres**

— – ¡Hola! ¿De dónde sois?
 – S~~oy~~ polaca y ~~es~~ rusa pero
  vivimos en Berlín.

– ¡Hola! ¿De dónde sois?
– **Yo** soy polaca y **ella** es rusa
 pero vivimos en Berlín.

> El pronombre aparece para **indicar oposición**
> con otras personas.

● **Otros errores frecuentes**

— – ¿Quién es Ronald White?
 – Es ~~mi~~ / es ~~yo~~.

– ¿Quién es Ronald White?
– **Soy yo**.

 – ¿Quién es este de la foto?
 – ¡Es ~~ti~~!

– ¿Quién es este de la foto?
– ¡**Eres tú**!

> Para identificar ⟶ verbo **ser** + **pronombre**
> (en la misma persona)

— – ¡Qué hambre tengo!
 – ~~Mí~~ también.

– ¡Qué hambre tengo!
– **Yo** también.

 – ¿Venís?
 – ~~Mí~~ sí.
 – ~~Mí~~ no.

– ¿Venís?
– **Yo** sí.
– **Yo** no.

 – ¿Quieren ustedes tomar algo?
 – ~~Mí~~ sí. (*Yes, my do.*)
 – ~~Mí~~ también. (*My too.*)

– ¿Quieren ustedes tomar algo?
– **Yo** sí. (*Yes, I do.*)
– **Yo** también. (*Me too.*)

 – Yo no he visto todavía la exposición,
  ¿y tú?
 – ~~Mí~~ tampoco. (*Neither my.*)

– Yo no he visto todavía la exposición,
 ¿y tú?
– **Yo** tampoco. (*Neither do I.*)

> En las frases sin verbo no hay que confundir el **pronombre
> sujeto** (*yo, tú, él...*) con el **adjetivo posesivo** (*mi, tu, su...*).

EJERCICIOS

1. Seleccione y escriba la respuesta correcta para cada diálogo.

| Yo no, ¿y tú?   Somos nosotros   Yo tampoco   Nosotros también   ~~Sí, soy yo.~~ |

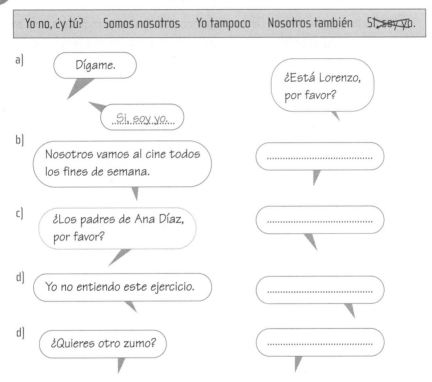

a)

> Dígame.

> ¿Está Lorenzo, por favor?

> ...Sí, soy yo....

b)

> Nosotros vamos al cine todos los fines de semana.

> ....

c)

> ¿Los padres de Ana Díaz, por favor?

> ....

d)

> Yo no entiendo este ejercicio.

> ....

d)

> ¿Quieres otro zumo?

> ....

2. Lea la siguiente conversación y elija la opción correcta entre las dos que se ofrecen en cada caso.

- Oye, mira, ese chico de la camisa negra, ¿no es Juancho Rodríguez, el director de cine? ¿El de *Las noches de tu verano*?
- ¡Qué dices! ¡¿Aquí?! ¡Pero (él / Ø) vive en Monterrey! ¡No puede estar aquí!
- ¿Por qué no? Además, tal vez (él / Ø) está aquí por algún rodaje.
- Sí, quizá, pero... ¿(tú / Ø) crees que es (él / Ø)?
- (Yo / Ø) creo que sí, mira, ahora (él / Ø) saluda a un grupo de gente.
- Ay, sí, ¡es (él / Ø)! (Yo / Ø) quiero saludarle, ¿tú no?
- (Yo / Ø) también; ¡vamos!

3. Complete los huecos de los siguientes diálogos con las formas adecuadas de los pronombres de sujeto cuando sean necesarios.

a) CONTEXTO: Pablo, María y Carlos comparten piso. Carlos ha invitado a unos amigos a cenar, pero todavía no han llegado. Pablo y María están hablando de ellos:

PABLO: ¿De dónde son?

MARÍA: ¿Quiénes?

PABLO: Los amigos de Carlos, los que vienen a cenar esta noche.

MARÍA: Creo que ....él.... es alemán y .... austriaca.

PABLO: ¿Y qué hacen?

MARÍA: .... son estudiantes. .... está haciendo un curso de español y .... estudia música, guitarra creo.

PABLO: ¿Los conoces?

MARÍA: Sí, ... son amigos míos. .... nos conocimos en la universidad.

b) CONTEXTO: El padre busca las llaves por toda la casa, pero no las encuentra, y le pregunta a sus tres hijos.

PADRE: ¿Alguien sabe dónde están las llaves?

HIJO 1: No sé, ... no las he visto.

HIJO 2: .... tampoco.

HIJO 3: Ni ....

4. Señale y corrija el error que aparece en las siguientes frases.

a) ¿Y este del sombrerito rojo? ¿Es tú? ⟶ ...Eres tú.......................................

b) He ido al médico y él me ha dicho que es una pequeña infección de garganta.

⟶ ....

c) Mi hermana y mí somos voluntarias de la Cruz Roja. ⟶ ....

d) Mis amigos quieren ir a esquiar pero prefiero ir a la playa.

⟶ ....

e) Ayer salí con Mariano y su novia. Ahora trabaja en una escuela infantil.

⟶ ....

5. Está mirando un álbum de fotos con una amiga. En muchas de las fotos salen usted y su hermano. Explíquele a su amiga lo poco que se parecía a su hermano escribiendo frases con la información que se sugiere.

YO		MI HERMANO
clásico	vestir	moderno, hippy
tenis y natación	actividad física	monopatín y bici
vegetariana	comida	hamburguesas y pizza
todos los días	estudios	la noche antes del examen
bailar, ir a fiestas	diversiones	cine, música, lectura

Mi hermano y yo éramos muy diferentes. Yo vestía siempre con ropa clásica; él, en cambio, vestía de forma muy moderna, un poco hippy.

....

....

....

....

....

....

....

6. Invente tres frases en las que sea necesaria la aparición de los pronombres.

a) ....

....

b) ....

....

c) ....

....

El uso de los artículos en inglés y en español es similar en muchos casos, pero existen también algunas diferencias.

● **Forma de los artículos**

el chico	**la** chica
los chicos	**las** chicas

un chico	**una** chica
unos chicos	**unas** chicas

● **Uso de los artículos**

— **Se usa** *el, la, los, las* para universalizar o generalizar conceptos, con la idea de "todo, en general" (en inglés no existe este uso).

> **El pop latino** tiene mucho éxito últimamente. (*all Latin Pop in general*)
> **Las serpientes** siempre me han dado miedo.

No se usa *el, la, los, las* para referirse a una parte de un todo o al material o sustancia.

> Este grupo toca **pop latino**. (*not all Latin Pop is played by this group*)
> Nunca he comido **serpiente**.

— **Se usa** *el, la, los, las* delante de títulos (*señor, doctora, profesor, presidenta, etc.*) excepto ante *don* y *doña* cuando se habla de una persona (en inglés no existe este uso).

> **El Sr. Blanco** se encuentra mal.
> **La Dra. Ordóñez** no viene mañana.

No se usa *el, la, los, las* cuando se habla con la persona directamente.

> **Sr. Blanco**, ¿se encuentra usted mal?
> **Dra. Ordóñez**, usted no viene mañana, ¿verdad?

— **Se usa** *el, la, los, las* para referirse a las partes del cuerpo (*los ojos, el pelo*) y a los objetos o posesiones personales (*el abrigo, el coche*).

> ¿Dónde tienes **el coche**? (*Where is your car?*)
> Ana tiene **los ojos verdes** y **el pelo rubio**. (*Ana has got blue eyes and blonde hair.*)

No se usa artículo con el verbo *tener* para expresar si una persona posee o dispone de un objeto de uso personal (*móvil, coche...*), un servicio (*hotel...*) o una relación personal (*hermano, novia...*).

> ¿Tienes **coche**? (*...a car?*)
> ¿Tienes **hotel/habitación**? (*...a hotel / a room?*)
> ¿Tienes **novia**? (*...a girlfriend?*)

— **Se usa** *el* o *un* con los porcentajes.

> **El / Un 10 por ciento** de la clase no se presentó al examen.

— **Se usa** *un, una, unos, unas* con profesiones, religiones y nacionalidades si el nombre va calificado.

> Pedro es **un fotógrafo excelente**.
> Siempre ha sido **un musulmán practicante**.

No se usa *un, una, unos, unas* si el nombre va sin calificativos.

> Pedro es **fotógrafo**.
> Yo soy **católica**, y mi marido es **budista**.

— **Se usa** *el, la, los, las* con los días de la semana (en inglés no existe este uso).

> **El lunes** tengo una reunión muy importante con el director.
> ¿Trabajas **los sábados** por la mañana?

ATENCIÓN

Esto es **vida**.	(*This is the life.*)
Así es **la vida**.	(*That's life.*)
No tengo **tiempo** ahora.	(*I don't have the time now.*)

Errores más frecuentes

● **En el uso de *el, la, los, las***

— ~~Fruta~~ es un alimento muy sano.   **La** fruta es un alimento muy sano.
Me gusta más ~~zumo~~ de piña.   Me gusta más **el** zumo de piña.

> **el, la, los, las + nombre** ⟶ cuando se habla de la idea en general

— Ayer hablé con ~~señor~~ Vega.   Ayer hablé con **el** señor Vega.
~~Señor~~ y ~~señora~~ Pérez son profesores   **El** señor y **la** señora Pérez
en la universidad.   son profesores en la universidad.

> **el, la, los, las + título** ⟶ para hablar de la persona

— Tengo un problema en ~~mi~~ espalda.

Tengo un problema en **la** espalda.

Le duelen ~~sus~~ ojos porque ve
demasiado la televisión.

Le duelen **los** ojos porque ve
demasiado la televisión.

> *el, la, los, las* + **partes del cuerpo**

— Si quieres vamos al cine ~~en~~ lunes.

Si quieres vamos al cine **el** lunes.

Generalmente ~~sábados~~ vamos
a un concierto.

Generalmente **los** sábados vamos
a un concierto.

~~Martes~~ 25 de diciembre es Navidad.

El martes 25 de diciembre es Navidad.

> *el, la, los, las* + **días de la semana**

● **En los casos en los que no se usa artículo**

— Perdón, ¿tienes ~~la~~ hora?

Perdón, ¿tienes **hora**?

No tengo ~~un~~ ordenador en casa.

No tengo **ordenador** en casa.

Mi amigo tiene ~~un~~ coche
y puede llevarnos.

Mi amigo tiene **coche**
y puede llevarnos.

No he tenido ~~el~~ tiempo para
llamarte antes.

No he tenido **tiempo** para
llamarte antes.

> *tener* + **nombre** ⟶ sin artículo cuando se habla del concepto,
> no de un ejemplo concreto

— Mi hermano pequeño es ~~un~~ policía.

Mi hermano pequeño es **policía**.

Yo soy ~~un~~ francés pero mi madre
es ~~una~~ italiana.

Yo soy **francés** pero mi madre
es **italiana**.

Sus abuelos eran unos católicos.

Sus abuelos eran **católicos**.

> *ser* + **profesión, religión, nacionalidad** ⟶ sin artículo

EJERCICIOS

1. Elija en cada caso la pregunta o respuesta adecuada entre las dos opciones dadas.

a)	– ¿Lo llevas todo? ¿Tienes el pasaporte? ¿El billete? ¿Y el móvil?	✓ Sí, sí, lo tengo todo; me voy al aeropuerto y te llamo cuando llegue a Roma. – No, no tengo móvil, lo perdí en el aeropuerto de Roma.
b)	– ¿A qué se dedica el marido de tu hermana?	– Sí, Antonio es un pintor estupendo. – Es pintor.
c)	– Buenos días, ¿puedo hablar con el señor Jiménez, por favor? – Buenos días, señor Jiménez, ¿puedo hablar con usted un momento, por favor?	– Lo siento, pero en este momento no está en la oficina.
d)	– ¿Y Rocío? ¿No viene con nosotros al cine?	– No está, está en Puerto Rico, ahora no tiene trabajo y se ha ido a ver a su madre. – Tiene un trabajo muy bueno en una empresa japonesa.
e)	– ¿Perdone, ¿tiene hora, por favor? – Ese reloj tiene la hora equivocada, ¿no?	– Sí, son las 4 y 10, no las 5 y 10.

2. Rodee la opción correcta en cada caso.

a) Ha llamado (*el* / Ø) Sr. González para concertar una cita.
b) (*El* / Ø) aceite de oliva es un ingrediente fundamental en la cocina mediterránea.
c) No me interesa (*la* / Ø) política.
d) – Oye, ¿tu hijo está trabajando ya?
   – Sí, en el aeropuerto de Málaga, es (*un* / Ø) controlador aéreo.
e) Me encantan (*las* / Ø) noches de verano.
f) Mark nació en Austria, pero se nacionalizó (*un* / Ø) español para poder competir con nuestro equipo olímpico.

13

3. Escriba tres frases como los ejemplos en cada caso.

Ocupación de las personas de tu familia

Mi madre es farmacéutica.
....
....
....

Gustos sobre deportes

Me encantan los deportes náuticos.
....
....
....

Problemas de tu ciudad o pueblo

Un gran problema es el paro.
....
....
....

Preguntas sobre los servicios de un hotel

¿Las habitaciones tienen teléfono?
....
....
....

Cosas que puedes llevar para viajar a México

Llevaré un sombrero para el sol.
....
....
....

4. Complete el siguiente texto con *el, la, un, una...* cuando sea necesario.

Si vives en ..una.. ciudad grande .... distancias son un problema. Yo no tengo .... coche así que uso .... transporte público.

Mi ciudad tiene .... metro pero yo prefiero .... autobuses, el problema es que son más lentos. A veces uso .... bicicleta pero es bastante peligroso porque .... ciudad no está preparada para .... ciclistas.

Creo que el Ayuntamiento debería invertir más .... dinero en mejorar .... red de .... transporte público.

5. Identifique dónde está el error y corríjalo, como en el ejemplo.

a) Si quieres te llevo, tengo ~~mi coche~~.
   ⟶ .el coche..............................

b) Este informe dice que 50% de la población adulta lee el periódico los domingos.
   ⟶ ....

c) A mí me encantan animales: tengo dos gatos y tres perros.
   ⟶ ....

d) Ha estado frente al ordenador todo el día y ahora le duelen sus ojos.
   ⟶ ....

e) Me gustaría aprender otro idioma, pero no tengo el tiempo.
   ⟶ ....

f) Móviles han revolucionado el mundo de las comunicaciones.
   ⟶ ....

Los posesivos en español tienen unas características formales y de uso muy diferentes al inglés. Esto puede producir algunos errores.

● **Forma de los posesivos**

Algunos posesivos tienen dos formas (**mi / mío, tu / tuyo**, etc.)

persona	masculino singular / plural	femenino singular / plural	
yo	mi / mis		átona
	mío / míos	mía / mías	tónica
tú	tu / tus		átona
	tuyo / tuyos	tuya / tuyas	tónica
él, ella, usted	su / sus		átona
	suyo / suyos	suya / suyas	tónica
nosotros, -as	nuestro / nuestros	nuestra / nuestras	átona y tónica
vosotros, -as	vuestro / vuestros	vuestra / vuestras	átona y tónica
ellos, -as, ustedes	su / sus		átona
	suyo / suyos	suya / suyas	tónica

Ejemplos:

– Y este bolso, ¿**de quién** es? (*Whose is this handbag?*)
– **Mío**, es **mío**, gracias. (*Mine, it's mine, thank you.*)
– ¿Cómo vamos, en **tu coche** o en **el mío**? (*..., in your car or in mine?*)
– **Un amigo mío** me dijo que esa escuela es cara. (*A friend of mine...*)

> **ATENCIÓN**
>
> **Las formas átonas** (*mi / tu...*) van delante del nombre (**tu** coche).
> **Las formas tónicas** (*mío / tuyo...*) van:
> – detrás del nombre (un amigo **mío**)
> – solas o con el verbo *ser* (**mío**, es **mío**)
> – con *el, la, los, las* (**el mío**, los **tuyos**)

● **Usos de los posesivos**

En general, los posesivos se usan:

— Para identificar o informar sobre el propietario de algo (formas tónicas solas y con el verbo *ser*).

> Y este bolso, ¿**de quién** es? (*Whose is this handbag?*)
> **Mío**, es **mío**, gracias. (*Mine, it's mine, thank you.*)
>
> ¿Son **tuyas** estas gafas? (*Are these glasses yours?*)
> No, no son **mías**, son de Juan. (*They aren't mine, they are John's.*)

— Para referirse a cosas o personas señalando la relación de propiedad o la relación personal (parentesco, amistad...).

Tu madre (*your* mother) es mucho más joven que la **mía**. (*mine*)

¿Cómo vamos, en **tu** coche * o en **el mío**? (..., *in your car or in mine?*)

| Si se menciona el nombre: **forma átona + nombre** | Cuando no es necesario repetir el nombre: *el, la, los, las* **+ forma tónica** |

— Cuando se presenta a una persona por un tipo de relación: nombre + forma tónica.

He conocido a **un vecino tuyo** muy simpático en el ascensor (... *a neighbour of yours*)
Un amigo mío me dijo que esa escuela es muy cara. (*A friend of mine...*)

Errores más frecuentes

— Ayer fui al cine con ~~mi~~ compañeros de clase.

Ayer fui al cine con **mis** compañeros de clase.

Los turistas llegaron a ~~sus~~ hotel muy cansados.

Los turistas llegaron a **su** hotel muy cansados.

> Los posesivos **concuerdan** con el nombre al que se refieren en género y número, y con el poseedor en persona.

— Mi habitación tiene vistas a la playa, ¿y ~~tuya~~?

Mi habitación tiene vistas a la playa, ¿y **la tuya**?

– Mi coche es automático.
– ¡Qué suerte! ~~Mío~~ no.

– Mi coche es automático.
– ¡Qué suerte! **El mío** no.

> Si no es necesario repetir el nombre ⟶ artículo + formas tónicas del posesivo

— Esto fue un regalo de boda de unos tíos ~~de mío~~.

Esto fue un regalo de boda de unos tíos **míos**.

He visto a un amigo ~~de ti~~ en la cafetería.

He visto a un amigo **tuyo** en la cafetería.

¿Vargas Llosa? Sí, he leído dos novelas ~~de suyas~~.

¿Vargas Llosa? Sí, he leído dos novelas **suyas**.

> Se utiliza la forma tónica del posesivo detrás de los nombres referidos a una **propiedad** o a **relaciones personales**.

EJERCICIOS

1. Relacione las dos partes de cada diálogo.

a) ¿Te gusta este director de cine?

b) Perdona, ¿es tuya esta maleta?

c) En mi barrio hay tres supermercados.

d) ¿Con quién fuiste a Barcelona?

e) Estos zapatos son de Alicia, ¿no?

f) Todavía no hemos encontrado colegio para nuestros hijos.

A. Sí, creo que son suyos.

B. ¡Qué suerte! En el mío solo hay uno y muy pequeño.

C. No mucho, la verdad, he visto dos películas suyas y no me han gustado.

D. Los nuestros van al Colegio Español y estamos muy contentos.

E. No, no es mía, no sé de quién es.

F. Con una amiga mía.

2. Complete las siguientes comparaciones, como en el ejemplo.

a) Mi cumpleaños es el 11 de julio.   El mío el 6 de febrero.

b) Mi música preferida es el jazz.   ....

c) Mi ordenador es un Macintosh.   ....

d) Mis vecinos son chilenos, jóvenes y muy simpáticos.   ....
....

e) En mi país la gente normalmente sale de vacaciones en agosto.   ....
....

f) Mi colegio tenía un jardín grande pero no tenía campos de deporte.   ....
....

3. Elija la forma apropiada en cada caso.

a) Han pasado el verano con (*sus* / *suyos* / *los suyos*) hijos en Tenerife.

b) Tus amigos siempre son puntuales, (*los míos* / *míos* / *mis*) siempre llegan tarde.

c) El próximo domingo llegan (*las mías* / *mis* / *mías*) amigas de Roma a pasar unos días conmigo.

d) Sra. Ortiz ¿es (*su* / *suyo* / *suya*) este bolso?

e) Este móvil es nuestro. (*Vuestro* / *Vuestros* / *El vuestro*) es ese.

f) – Toma estos dos abrigos, son de Juan e Inma.
  – ¿Estás seguro de que son (*sus* / *suyos*)? Yo creo que (*los suyos* / *sus* / *suyos*) son azules y no negros.

4. Complete las frases con los posesivos del recuadro.

~~tus~~	su	nuestro	tuya	sus	suyos
mi	nuestros	su	vuestro	mi

a) ¿..Tus.... padres viven cerca de ti?
b) .... amiga Alicia me tiene muy preocupado, la he llamado cinco veces, pero no me devuelve las llamadas.
c) .... nuevo jefe es joven y muy agradable. ¿Qué tal es el ....?
d) Me encanta esta ciudad para vivir. .... situación y .... clima son privilegiados y además .... habitantes son muy abiertos.
e) Me han pedido .... opinión, pero la .... es más valiosa, porque tienes más experiencia que yo.
f) Sr. Martín, siento decirle que .... productos son más competitivos que los ....

5. Identifique el error y corríjalo, como en el ejemplo.

a) – ¡Qué bonita es tu casa! – Bueno, ~~tuya~~ también es bien bonita.
→ ..la tuya...........................

b) –¿Dónde has comprado esa camisa? – Me la ha regalado un primo de mi que vive en Londres. →.............................

c) – Mi padre se jubiló el año pasado. – ¡Qué coincidencia! Mío padre también.
→.............................

d) No, la amarilla no es su casa. Suya es la verde. →...

e) – Mira, la grúa se está llevando un coche. – Oye, pero ¿no es tuyo?
→.............................

f) – Perdona, ese CD es mío. – ¡Ah! Lo siento. Rosa me dijo que era su.
→.............................

g) A nosotros hermana le encanta el marisco. →...

4 | Neutros: *esto, eso, lo...*

> Las formas equivalentes a *esto, eso, aquello...* en inglés (*this, that, the, what...*) no tienen marca de neutro, por eso son frecuentes los errores relacionados con estas formas.

● **Formas de los demostrativos**

Las formas de los demostrativos varían de acuerdo con la distancia entre el hablante y el referente:

	aquí / acá (*here*)	ahí (*there*)	allí / allá (*over there*)
masculino	este / estos	ese / esos	aquel / aquellos
femenino	esta / estas	esa / esas	aquella / aquellas
neutro	esto	eso	aquello

hablante – ← distancia → +

● **Usos de los demostrativos**

— Los demostrativos masculinos y femeninos se refieren a un nombre femenino o masculino concreto, que puede estar presente o ausente.

> **Este edificio** de aquí es el Parlamento, **ese** es el Hotel Palace y **aquel** de allí es el Museo del Prado. (*This building here..., that one... and that one over there...*)

— Los neutros (*esto, eso, aquello*) nunca acompañan ni sustituyen a un nombre concreto. Equivalen a "*esta / esa / aquella* cosa o idea".

> ¿Quién ha dicho **eso**? (*Who said that?*)
>
> ¿Qué es **eso**? (*What's that?*)
>
> ¿**Esto**? Es una brújula. (*This? It's a compass.*)

ATENCIÓN

Eso es un problema.	(*That's a problem.*)
Ese es el problema.	(*That's the problem.*)

- **Algunos usos de lo**

  — **lo + adjetivo masculino singular**

  Indica la idea abstracta del adjetivo ("la cos

  > Tienes razón, **lo mejor** en estos caso   escansar. (*You're right, the best thing in these cases...*)
  >
  > **Lo malo** de mi piso es que tiene poca luz. (*The bad thing about...*)

  — **lo + *que* + verbo**

  Lo equivale a "la cosa" o "la idea".

  > **Lo que tienes** que hacer es tomarte unos días de vacaciones. (*What you have to do...*)
  >
  > ¿Quieres ver **lo que he comprado**? (*... what I have bought?*)

Errores más frecuentes

- **En el uso de los demostrativos**

— Trabajo en ~~eso~~ edificio rojo.	Trabajo en **ese** edificio rojo.
Por favor, ¿me acercas ~~eso~~ papel?	Por favor, ¿me acercas **ese** papel?
~~Esto~~ libro me gusta mucho.	**Este** libro me gusta mucho.
En ~~esto~~ pueblo vive mucha gente.	En **este** pueblo vive mucha gente.

  > **esto** y **eso** nunca preceden a un nombre masculino.

— ~~Estes~~ libros son de Javier.	**Estos** libros son de Javier.
¿Dónde pongo ~~estes~~ tomates?	¿Dónde pongo **estos** tomates?
~~Eses~~ chicos son mis compañeros de clase.	**Esos** chicos son mis compañeros de clase.
Pruébate ~~eses~~ pantalones del escaparate.	Pruébate **esos** pantalones del escaparate.

  > plural de *este, ese* ⟶ **estos, esos**

— ¿Qué es este?   ¿Qué es **esto**?
  Ese no es cierto, y tú lo sab   **Eso** no es cierto, y tú lo sabes.
  No quería decir ese.   No quería decir **eso**.
  Aquel parece un campo de trigo.   **Aquello** parece un campo de trigo.

> El referente de ***esto***, ***eso***, ***aquello*** no es un nombre masculino
> ni femenino, es una idea o una cosa sin concretar.

- **En el uso de lo**

  — El importante es mantener la calma.   **Lo importante** es mantener la calma.
    La cosa mejor de mi zona es el parque.   **Lo mejor** de mi zona es el parque.
    El bonito de España es el sol.   **Lo bonito** de España es el sol.
    La cosa peor es estar cansado el lunes.   **Lo peor** es estar cansado el lunes.
    El natural es reírse.   **Lo** natural es reírse.

> idea abstracta del adjetivo ⟶ **lo + adjetivo**;
> (nunca ⟶ ~~el + adjetivo~~)

  — Siempre consigues que te propones.   Siempre consigues **lo que** te propones.
    Que no entiendo es por qué no   **Lo que** no entiendo es por qué no
    vienes.   vienes.
    ¿Harás que digo?   ¿Harás **lo que** digo?
    Que necesitamos es salir más.   **Lo que** necesitamos es salir más.

> *what / the thing + verb* ⟶ **lo que + verbo**

EJERCICIOS

1. Relacione las dos partes de los siguientes diálogos.

a) ¿Qué es lo que menos te gusta de tu trabajo?

b) Lo malo de Madrid es el verano, hace demasiado calor.

c) ¿Esto está claro? ¿Tenéis alguna pregunta?

d) ¿Qué es aquello que se ve allí?

e) ¿Puedo llevarme este paraguas?

A. Claro, por eso la gente se va de vacaciones todo el mes.

B. No, ese no, que está roto, llévate el azul que está en aquella silla.

C. Lo peor es el horario.

D. ¿Qué? ¿Aquella torre? Es el almacén de grano.

E. Sí, eso último no lo entiendo bien, ¿qué diferencia hay entre *quiere* y *quiera*?

2. Complete las siguientes frases con *lo que* o con *lo* + adjetivo.

a) Cuando aprendes otro idioma, si puedes, ...lo mejor... es hacer algún curso en el país donde se habla.

b) .... más me gusta en el mundo es hablar por teléfono.

c) ¡Claro que tengo hambre! .... pasa es que tengo que terminar este informe antes de las dos.

d) .... de viajar con un paquete organizado es que no tienes libertad para ver lo que te apetece en cada momento.

e) .... quiero es salir temprano, no me gusta conducir de noche.

f) .... en esta vida es sentirse contento con uno mismo.

3. Inés ha celebrado una fiesta. Su amigo Javier le ayuda a recoger la casa. Lea los siguientes fragmentos de la conversación que mantienen y complete los huecos con la forma correcta.

estos	estas	~~todo esto~~	esto	esto	ese	lo que
	lo que	lo malo	eso	esa		

INÉS: ¡Hay muchas cosas por todos sitios! Tenemos que recoger ...*todo esto*... antes de acostarnos.

JAVIER: Si quieres, yo recojo .... hay en el salón.

JAVIER: Oye, Inés, ¿qué hago con ....? ¿Dónde lo pongo?

JAVIER: ¿Qué es ....? ¿Para qué sirve?

INÉS: ¿Qué? ¡Ah! .... es para apagar las velas.

INÉS: .... de las fiestas es que nunca se acaba toda la comida... ¿Qué voy a hacer con .... ha sobrado?

INÉS: ¿De quién son .... discos?

JAVIER: .... que está encima de la mesa es mío, los otros, no sé.

JAVIER: ¿Y .... tres sillas?

INÉS: .... roja se pone ahí, al lado de la ventana, y las dos blancas junto a la mesa.

4. Hoy Julio está un poco raro y su hermana Claudia quiere saber lo que le pasa. Complete los espacios en blanco del diálogo con *eso, lo, lo que*.

CLAUDIA: ¿Qué te pasa? ¿Estás enfadado?

JULIO: No, no es ....eso.....

CLAUDIA: Vale, pero a ti te pasa algo. ¿Es por .... te dijo el jefe hoy?

JULIO: No, tampoco es ....

CLAUDIA: Bueno, pues dime qué te pasa.

JULIO: .... me pasa es que he tenido un golpe con el coche.

CLAUDIA: Bueno, ... no es tan grave, a ti no te ha pasado nada, que es .... importante.

JULIO: Ya, ... peor es que... ¡fue con tu coche!

5. Identifique el error y corríjalo, como en el ejemplo.

a) He ido de compras. Mira, me he comprado esta falda y ~~estes~~ pantalones.

⟶ .estos............................

b) ¡Ah! Y te traje que querías. Está sobre la mesa.

⟶ ....

c) ¿Qué es ese? ¿Para que sirve?

⟶ ....

d) La buena cosa de ti es tu experiencia y tu paciencia para explicar las cosas.

⟶ ....

e) Salí ayer y anteayer y estoy cansada, por ese no quiero salir hoy.

⟶ ....

f) ¿Qué era aquel que me dijiste el otro día? Algo sobre María, pero no me acuerdo qué.

⟶ ....

En español, la cantidad indeterminada de cosas o personas se expresa por medio de un mayor número de formas que en inglés. Además, estas formas se usan de manera diferente en los dos idiomas.

● **Formas para expresar cantidad indeterminada**

	Masculino	Femenino	Negativo *(not any, none, no)*
contable singular *(some, any)*	algún / alguno	alguna	ningún ninguno ninguna
contable plural *(some, any, few, a few)*	algunos unos pocos unos pocos	algunas unas pocas unas pocas	
incontable + singular *(some, any, little, a little)*	poco	poca	
	un poco de algo de		nada de

● **Diferencias entre:** *algún, ningún / alguno, ninguno / alguno de...*

Para: preguntar por la existencia o la falta de algo contable
hablar de la existencia o de la falta de algo contable
o para referirse a cantidades indeterminadas se usa:

> **algún / ningún** + nombre masculino singular
> **alguno / ninguno** + Ø
> **alguno de** + nombre masculino plural

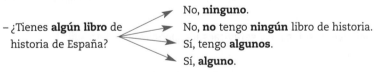

– ¿Tienes **algún libro** de historia de España?
No, **ninguno.**
No, **no** tengo **ningún** libro de historia.
Sí, tengo **algunos.**
Sí, **alguno.**

– Es para hacer un trabajo sobre la democracia española.
– Pues entonces, a lo mejor te sirve **alguno de** estos.

ATENCIÓN

Lo normal es responder con **ninguno** (si no hay) o con el número (*uno, dos,* etc.) o con **algunos** (cantidad indeterminada). La respuesta **alguno** puede reflejar que el hablante no desea cooperar o se resiste a dar información.

● **Diferencias entre: *algún, -a, ningún, -a / Ø + nombre plural* (any)**

Para preguntar por la existencia o hablar de la falta de algo contable (sin precisar la cantidad) se usa:

> **algún, -a, ningún, -a** + nombre singular
> **Ø** + nombre plural

> ¿Tienes **algún amigo** en esta ciudad? / ¿**Tienes amigos** en esta ciudad?
> pero no: ¿Tienes al~~gunos amig~~os en esta ciudad?
> No tengo **ninguna hermana** / **No tengo hermanas**.
> pero no: No tengo nin~~gunas herman~~as.

● **Uso de *ningunos, ningunas***

Se usan para indicar inexistencia con nombres que van normalmente en plural (*tijeras, ganas, zapatos...*).

> No hay **ningunos zapatos** en el armario.
> No tengo **ningunas ganas** de salir hoy.

● **Diferencias entre: *algunos, algunas / unos, unas* (some / a few)**

— *Algunos, algunas* se usan para indicar cantidad imprecisa pero limitada (*some: a number of*).

> Queremos una ceremonia íntima, solo la familia y **algunos amigos**.

— *Unos, unas* también indican cantidad imprecisa, pero además identificación o referencia imprecisa (no deseo / no puedo / no es importante identificar).

> Mañana vamos a cenar con **unos amigos**.

● **Uso de *pocos, pocas / unos pocos, unas pocas* (few / a few)**

Se usan con nombres contables para indicar:

> **pocos, -as** + nombre contable ⟶ cantidad insuficiente (real o subjetiva)
> **unos pocos, -as** + nombre contable ⟶ cantidad limitada

> Tenemos **pocos días** para terminar el proyecto.
> – ¿Han sobrado fotocopias? – Sí, **unas pocas**.

● **Uso de *poco, poca; un poco de; algo de* (little / a little)**

Se usan con nombres incontables para indicar:

> **poco, -a** + nombre incontable ⟶ cantidad insuficiente (real o subjetiva)
> **un poco de / algo de** + nombre contable ⟶ cantidad limitada

> Necesito **un poco** más **de tiempo** para terminar.
> ¡Date prisa! Tenemos **poco tiempo**, vamos a perder el avión.

Errores más frecuentes

● Con *algún, ningún, alguno (de), ninguno (de)...*

— ¿Tiene ~~algún refrescos~~ de limón?

¿Quieres ~~alguno regalo~~ para
tu cumpleaños?

No tengo ~~ningunas monedas~~
de 2 euros.

¿Tiene **algún refresco** de limón?

¿Quieres **algún regalo** para
tu cumpleaños?

No tengo **ninguna moneda**
de 2 euros.

> *algún, -a / ningún, -a* + **nombre singular** para preguntar por
> la existencia o informar de la falta de cosas contables

— ¿Te gusta algún grupo o cantante
español? Sí, ~~alguno~~.

¿Conoces muchas ciudades
españolas? Sí, conozco ~~alguna~~.

¿Te gusta algún grupo o cantante
español? Sí, **algunos**.

¿Conoces muchas ciudades
españolas? Sí, conozco **algunas**.

> La respuesta singular (*alguno, -a*) da al interlocutor la impresión
> de que el hablante no desea responder a sus preguntas.

— – ¿Te gusta ~~algún de~~ estos bolsos?

– Pues, en realidad no me gusta
~~ningún~~.

Mira, ¡tienen mangos! ¿Compramos
~~algún~~?

~~Ningún~~ de los autobuses para cerca
de aquí.

Voy a preparar ~~algún de~~ estas
recetas de pollo.

– ¿Te gusta **alguno de** estos bolsos?

– Pues, en realidad no me gusta
ninguno.

Mira, ¡tienen mangos! ¿Compramos
alguno?

Ninguno de los autobuses para cerca
de aquí.

Voy a preparar **alguna de** estas
recetas de pollo.

> *alguno, ninguno* + *de* + nombre masculino plural
> *alguna, ninguna* + *de* + nombre femenino plural
> *alguno; ninguno* + Ø

— No he comprado ~~ninguno~~ tomate,
porque tenemos muchos.

No he comprado **ningún** tomate,
por que tenemos muchos.

¿Qué pasa? ¿Hay ~~alguno~~ problema?

¿Qué pasa? ¿Hay **algún** problema?

Voy a pedir a ~~alguno~~ profesor
que me ayude con mi tesis.

Voy a pedir a **algún** profesor
que me ayude con mi tesis.

> *ningún, algún* (no *ninguno, alguno*) + nombre masculino singular

● Con *unos, unas*

— En Vigo, nos quedamos en casa
de ~~algunos~~ amigos.

En Vigo, nos quedamos en casa
de **unos amigos**.

Ayer conocimos a ~~algunas~~ chicas
muy simpáticas.

Ayer conocimos a **unas chicas**
muy simpáticas.

¿Quiere ~~algunas~~ papas también
con la bebida?

¿Quiere **unas papas** también
con la bebida?

> *unos, -as* + **nombre plural** cuando lo importante no es la cantidad,
sino hacer una identificación imprecisa

● Con *un poco de, algo de*

— ¿Quieres ~~alguna~~ agua?

¿Quieres **un poco de agua**?

Tardaremos ~~algo más~~ tiempo.

Tardaremos **un poco** más **de** tiempo.

Necesito ~~alguna~~ tranquilidad
para estudiar.

Necesito **algo de / un poco de**
tranquilidad para estudiar.

¿Te apetece ~~algo más~~ tarta
de chocolate?

¿Te apetece **algo** más **de** tarta
de chocolate?

> *un poco de / algo de* con nombres incontables

EJERCICIOS

1. Elija la respuesta adecuada para cada pregunta.

No, no tengo ninguno	Sí, tengo una
No, ~~no tengo nada~~	No, gracias, tengo suficiente

a) – ¿Tiene algo de leche? — No, no tengo nada.

b) – ¿Tienes algún problema? ....

c) – ¿Tienes alguna pregunta? ....

d) – ¿No tienes poca ensalada? ....

2. Complete las siguientes frases con la forma adecuada.

algún	algunos	alguno	ninguno	~~ningún~~

a) Toda la mañana en la reunión y al final no hemos llegado a ..ningún.. acuerdo.

b) – ¿Y el periódico? ¿Me has traído ....?

   – No, es que no tenían .... de los que tú lees.

c) Tienes que venir a ver mi casa nueva .... día.

d) – ¿Qué vas a hacer con tantos bombones?

   – Llevaré .... a mis sobrinos y el resto para mí, ¡me encantan!

3. Elija la opción adecuada de las dos que se ofrecen.

Cuando llegué al aeropuerto había (poca / un poco) gente. Era muy temprano y (algunos / unos) pasajeros estaban todavía durmiendo en los sillones. Los mostradores de facturación estaban cerrados y no había (ningún / ninguno) empleado de mi aerolínea a la vista. Miré las pantallas de información, pero (ningún / ninguno) de los vuelos anunciados era el mío todavía. Así que me dirigí a la cafetería y pedí un chocolate grande y (unos / algunos) churros. Cuando terminé, (algún / algunos) de los mostradores ya estaban abiertos y pude por fin facturar mi equipaje, aunque primero tuve que responder a (algunas / unas) preguntas:

– ¿Ha tenido acceso a su equipaje (alguna / algún) otra persona?

– ¿(Algún / Alguno) extraño le ha pedido que transporte algo en su equipaje?

– ¿Y no lleva usted (ningún / ninguno) de los objetos que figuran en la lista de objetos peligrosos en su equipaje de mano?

4. Complete las frases combinando un elemento de la columna A con otro de la columna B.

A		B	
algún	alguno de	pantalones	días
algunos de	ningunos	vosotros	música
pocos	un poco de	disco	los libros

a) Este año he engordado, no me sirven ...ningunos pantalones.........

b) ¿.. ha visto mis llaves?

c) Ya quedan .... para las vacaciones.

d) Si queréis pongo .... ¿Os apetece ....
.... en especial?

e) .... que pedí ya han llegado.

5. Escriba una pregunta adecuada para cada una de las respuestas siguientes. Utilizando las palabras estudiadas.

a) ..¿Conoces algún restaurante vegetariano?..
Vegetariano exclusivamente, no, pero conozco algunos que tienen menú para vegetarianos.

b) ....
No, lo siento, ninguno de nosotros habla inglés.

c) ....
Yo, personalmente, no he atendido ninguna llamada para ti.

d) ....
Me dijeron que había muchos monos, pero yo no vi ninguno.

e) ....
Hicimos algunas, pero no muchas porque se nos estropeó la cámara.

f) ....
¿Esta tarde? ¡Imposible! Estoy tan cansada que no podría ir a ningún sitio.

El uso de las preposiciones presenta algunos contrastes entre el español y el inglés. Esto produce a menudo confusiones o errores.

- **Con preposición**

  — Algunos verbos y adverbios van siempre seguidos de preposición.

entrar **en** (un lugar)	salir **de** (un lugar)
cerca **de** (un lugar)	lejos **de** (un lugar)
antes **de** (un momento o acción)	después **de** (un momento o acción)

  > **Salió de** casa a las ocho en punto. Desayunó en una cafetería muy **cerca de** su casa y, **antes de entrar en** el metro, compró el periódico.

  — Para introducir el complemento de persona se usa la preposición *a*.

conocer, visitar, ver,	algo / un lugar
cuidar, necesitar, etc.	**a** alguien

  > **Conozco un restaurante** peruano muy bonito, ¿quieres cenar allí?
  > ¿Dónde **conociste a tu marido**?

- **Sin preposición**

  Muchos verbos o expresiones que en inglés llevan preposición no la llevan en español.
  > **Intentamos convencer** al cliente de que **era mejor esperar**.
  > Tienes que **pedir permiso** al propietario para hacer la obra.

- **Con una preposición diferente**

  — Con verbos de movimiento y dirección (*ir, venir, llegar, viajar*, etc.) se usa *a*:
  > Llegamos **a** París y fuimos directamente **al** museo del Louvre.

  — Con verbos de situación o localización (*estar, quedarse, vivir, dormir*, etc.) se usa *en*:
  > Lo siento, Jorge no está **en** casa, creo que está **en** la oficina.

  — Cuando se identifica a una persona por lo que lleva (*la ropa, el color de la ropa, complementos u otros objetos*) se usa la preposición *de*:
  > El hombre **del** sombrero es el detective y el **de** blanco es el malo.

  — Para introducir al autor de una obra se usa *de*:
  > La Sagrada Familia **de** Gaudí es un edificio simbólico de Barcelona.
  > *La casa de los espíritus* es un libro **de** Isabel Allende.

— Para introducir el término de referencia de una comparación o afirmación se usa **de**:

La torre Picasso es el edificio más alto **de** Madrid.

Tenemos una casita en un pueblo **de** la costa.

— Después de los adjetivos **fácil** y **difícil**, para introducir el infinitivo, se usa **de**:

Estas latas son muy difíciles **de** abrir, vamos a buscar otras.

Este ejercicio es fácil **de** resolver.

Errores más frecuentes

● **En los casos en los que se debe poner preposición**

— Entré la universidad a los 18 años.   Entré **en** la universidad a los 18 años.

¿Nos vemos después el trabajo?   ¿Nos vemos **después del** trabajo?

Tengo que terminar este trabajo   Tengo que terminar este trabajo
antes las tres.   **antes de** las tres.

> entrar **en**...; salir **de**...; después **de**...; antes **de**...

— Vi tu hijo en el parque, ¡qué alto está!   Vi **a** tu hijo en el parque, ¡qué alto está!

¿Conoces Edu, el novio de Luisa?   ¿Conoces **a** Edu, el novio de Luisa?

> Con los complementos de persona se usa la preposición **a**.

En los casos en los que no se debe poner preposición

— He intentado a hablar con él   He intentado hablar con él
varias veces.   varias veces.

Está bien, gracias, no es   Está bien, gracias, no es necesario
necesario de repetirlo.   repetirlo.

¿Dónde se pide por esa información?   ¿Dónde se pide esa información?

> intentar, ser necesario, pedir... **sin preposición**

● **En los casos en los que hay confusión al elegir la preposición**

— Llegué ~~en~~ el hotel muy tarde
y no llamé.

Llegué al hotel muy tarde
y no llamé.

Venimos ~~en~~ este pueblo todos
los fines de semana.

Venimos a este pueblo todos
los fines de semana.

El miércoles estuve todo el día
~~a~~ casa.

El miércoles **estuve** todo el día
en casa.

> *llegar **a**..., venir **a**..., ir **a**...; estar **en**...,*
> *vivir **en**..., quedarse **en**...*

— La señora ~~en~~ el vestido era
mi maestra de piano.

La señora **del** vestido era
mi maestra de piano.

¿Cuál prefieres, Las Meninas ~~por~~
Velázquez o Las Meninas ~~por~~ Picasso?

¿Cuál prefieres, Las Meninas **de**
Velázquez o Las Meninas **de** Picasso?

Los niños ~~en~~ la foto son mis
hermanos.

Los niños **de** la foto son mis
hermanos.

¿Conoces muchos países
~~en~~ América Latina?

¿Conoces muchos países
de América Latina?

¡Esta es la ciudad menos
contaminada ~~en~~ Europa!

¡Esta es la ciudad menos
contaminada **de** Europa!

Siempre fui la más alta ~~en~~ mi clase.

Siempre fui la más alta **de** mi clase.

> | | |
> |---|---|
> | **de** | + atributos de identificación |
> | | + autor de una obra |
> | | + término de referencia de una comparación o afirmación |

EJERCICIOS

1. Complete las siguientes frases utilizando alguna de las expresiones del recuadro.

al trabajo	en el trabajo	del trabajo	el trabajo

a) Mis compañeros vienen .....al trabajo...... en coche pero yo prefiero el metro.
b) He decidido no pedir .... del banco, creo que no me conviene.
c) Normalmente voy a la piscina después ....
d) Nunca llego tarde ...., pero hoy he tenido un problema con el coche.
e) Yo echo las cartas, hay una oficina de correos muy cerca ....
f) Está demasiadas horas ...., se va a poner enfermo.

2. Relacione elementos de las tres columnas y escriba frases como la del ejemplo.

El Volga	el pico más alto	África
El Aconcagua		
Los Alpes	el río más largo	Europa
El Sahara		
El Amazonas	la cordillera más importante	América del Sur
El Everest		
Los Andes	el desierto más grande	el mundo
El Kilimanjaro		

a)   Los Alpes es la cordillera más importante de Europa. ....
b)   ....
c)   ....
d)   ....
e)   ....
f)   ....
g)   ....
h)   ....

3. Rodea la opción correcta en cada caso.

a	de	Ø	en

a) Después del robo, Eloy y Marisa compraron un perro para cuidar ......Ø........ la casa.

b) Marta y Carlos quieren una *au pair* inglesa que cuide .... los niños y les enseñe inglés.

c) Podemos ir andando a la estación, está muy cerca .... aquí.

d) Viajan .... todas partes con sus hijos.

e) *La mujer* .... *rojo* es una comedia, ¿no?

f) El portugués es relativamente fácil .... entender para un español.

g) Es necesario .... llevarlo al hospital. Sería mejor que lo viera un médico.

4. Rellene los espacios con una preposición adecuada.

El verano pasado estuvimos de vacaciones ....en...... la Costa Tropical y visitamos .... unos amigos que tienen una casita .... la Alpujarra.

En esta foto estamos .... la playa con ellos. El rubio .... la camisa de flores es un amigo mío. Nos quedamos .... su casa casi una semana y el día antes .... irnos, invitaron .... algunos vecinos y amigos a una barbacoa para despedirnos.

Lo pasamos fenomenal, la verdad. Serán unas vacaciones difíciles .... olvidar.

5. Identifique el error y corríjalo como en el ejemplo (la preposición puede faltar, sobrar o ser errónea).

a) No entiendo ✕ Susana, habla demasiado rápido
   No entiendo a Susana, habla demasiado rápido.

b) La chica en negro es mi hermana mayor.
   ....

c) Como siempre, mi primo Ricardo ha escogido el regalo más caro en todo el catálogo.
   ....

d) Cuando regresamos casa ya era muy tarde.
   ....

e) ¿Puedo usar el teléfono, por favor, Marta? Necesito de hacer una llamada urgente.
   ....

f) Antes firmar el contrato de alquiler, lee bien la letra pequeña.
   ....

g) Llegamos en el aeropuerto de Barcelona el domingo por la mañana.
   ....

h) Vamos a salir el jardín después de la cena.
   ....

i) Vine en Argentina hace dos años.
   ....

Las preposiciones *por* y *para* no tienen una traducción exacta en inglés. Esto produce a veces algunas confusiones.

● **Usos de las preposiciones *por* y *para***

	POR ⟷	PARA ⤍ ⃝
Lugar	Lugar aproximado (*around*), "a través de" (*through*) "a lo largo de" (*along*) Hay globos volando **por** el aire. ¿Puedes lanzarme las llaves **por** la ventana? **Por** ese camino no llegamos.	Lugar de destino (*to, for*) ¿Cuál es el autobús **para** Granada? Saldremos **para** el aeropuerto a las dos menos cuarto.
Tiempo	Tiempo aproximado (*around, for*) **Por** esa época yo trabajaba en una floristería.	Plazo límite (*for*) ¿**Para** cuándo estará listo? Probablemente **para** el próximo viernes, y, si no, **para** el lunes.
Conceptos abstractos	Causa, razón, motivo (*for, because of, for ...'s sake, on ...'s behalf*) Nunca olvidaré que haces esto **por** mí. ¿**Por** qué no vienes, **por** ti o **por** ellos? Ha dejado de trabajar **por** razones personales.	Finalidad, destinatario (*in order to, for, to*) Estoy probando un método nuevo **para** leer más rápido. Tendremos que trabajar duro **para** lograr nuestros objetivos. El rojo es **para** Antonio y el verde **para** su mujer. Persona que mantiene un punto de vista. Este hotel es muy caro **para** mí.

ATENCIÓN

por aquí	(*this way*)	¡**por** fin!	(*at last!*)
por ejemplo	(*for example*)	**por** favor	(*please*)
por supuesto	(*of course*)	**para** variar	(*for a change*)

Errores más frecuentes

● **En el uso de *para***

— Han traído estas flores p̶o̶r̶ ti.   Han traído estas flores **para** ti.
Hay un mensaje p̶o̶r̶ ustedes.   Hay un mensaje **para** ustedes.

> destinatario ⟶ ***para***

— ¿Dónde está la máquina p̶o̶r̶   ¿Dónde está la máquina **para**
hacer agujeros?   hacer agujeros?
P̶o̶r̶ tener éxito hay que conocer   **Para** tener éxito hay que conocer
bien a tus compañeros.   bien a tus compañeros.
Llamo p̶o̶r̶ saber cómo está tu madre.   Llamo **para** saber cómo está tu madre.

> finalidad ⟶ ***para***

— ¿Cuáles son los ejercicios   ¿Cuáles son los ejercicios
p̶o̶r̶ mañana?   **para** mañana?
La casa estará terminada   La casa estará terminada
p̶o̶r̶ el año que viene.   **para** el año que viene.

> tiempo límite ⟶ ***para***

● **En el uso de *por***

— Sigues p̶a̶r̶a̶ esta calle, todo recto   Sigues **por** esta calle, todo recto
y al final está la catedral.   y al final está la catedral.
En verano caminamos mucho   En verano caminamos mucho
p̶a̶r̶a̶ la playa para hacer ejercicio.   **por** la playa para hacer ejercicio.

> lugar "a lo largo de" ⟶ ***por***

— Eso te pasa p̶a̶r̶a̶ salir sin abrigo.   Eso te pasa **por** salir sin abrigo.
Nos ayuda p̶a̶r̶a̶ altruismo.   Nos ayuda **por** altruismo.
Reconocemos a tu padre p̶a̶r̶a̶ su   Reconocemos a tu padre **por** su
risa. Es muy peculiar.   risa. Es muy peculiar.

> causa, razón ⟶ ***por***

EJERCICIOS

1. Elija la opción correcta en cada caso.

a) La reunión es el 5 de marzo, así que necesitamos todos los documentos ....para esa fecha.....

b) Empecé a trabajar en marzo de ese año, más o menos; .... nació vuestro hijo, ¿no?

por esas fechas

~~para esa fecha~~

c) .... lo más importante en un piso es que esté al lado de un parque porque tienen dos perros.

d) – ¿No vas en moto hoy?
– No, voy en autobús; lo hago ...., se preocupan mucho si voy en moto por la noche.

para mis padres

por mis padres

e) – ¿No te quedas a cenar?
– No, gracias, es que mañana salimos .... muy temprano.

f) Siempre vamos ....; no es más rápido pero es mucho más bonito.

por la costa

para la costa

2. Complete las siguientes frases con *por* o *para* según convenga.

a) Te he reconocido ....por..... la bicicleta, ¡nunca he visto otra igual!

b) Estos periódicos son .... tirar al contenedor de papel.

c) ¿Qué quieres de regalo .... tu cumpleaños?

d) No se preocupe, le enviamos el paquete .... avión y lo recibirá en dos días seguro.

e) Es muy desordenado, siempre deja todo .... el suelo.

f) – ¿Cuándo te cambias de casa?
– Si todo sale bien, ... Navidad.

3. Complete las frases con alguna de las expresiones del recuadro precedida de *por* o *para*.

variar	casualidad	suerte	~~eso~~

a) Tenía que terminar el informe, ...por eso............ salí tan tarde de trabajar.
b) Llegamos diez minutos tarde a la estación, pero, ..., el tren tenía retraso.
c) Generalmente, cuando voy a un restaurante italiano pido pizza, pero hoy voy a tomar lasaña, ...
d) Me enteré de la noticia ....

4. Complete el siguiente texto con *por* o *para*.

Millones de personas de todo el mundo viven en la miseria y el sufrimiento. Son personas que viven en países castigados ....por...... el hambre, ... las enfermedades o .... la guerra. Mucha gente ha tenido que abandonar sus países .... salvar su vida. .... estas y otras causas su existencia se convierte en una continua lucha .... la supervivencia.
Nosotros intentamos hacer algo .... su salud, ... su educación y .... su bienestar. Pero necesitamos la ayuda de usted .... conseguirlo, ... darles una oportunidad, ... defender sus derechos.

5. Señale el error en cada caso.

a) El jefe ha felicitado a nuestro equipo para la buena campaña de ventas y además me van a subir el sueldo para el mes que viene. ⟶ ....por...................
b) Por llegar a tiempo necesitamos ir por la autopista, es más rápido. ⟶ ....
c) ¡Te han dado el ascenso! No sabes cómo me alegro para ti, esto es un gran cambio para todos. ⟶ ....
d) Esto es un pequeño obsequio para usted, para agradecerle todo lo que ha hecho para mí. ⟶ ....

El verbo *to be* puede traducirse en español por *ser* o por *estar*. Algunos usos y funciones de *ser* y *estar* son claramente diferenciables, pero otros pueden producir dificultades.

● **Uso de *ser* y *estar***

verbo ***ser***	
identificación	¿Quién **es** esa chica? ¿Qué **es** esto? **Soy** Nieves, la profesora de español.
origen	– ¿**De** dónde **sois**? – **Somos** ingleses, yo **soy de** Londres y ella **es** de Manchester.
pertenencia	– ¿**De** quién **es** este paraguas? ¿**Es** tuyo? – Me parece que **es de** Marta.
definición (*ser* + nombre)	El triángulo **es** un instrumento musical. El español y el francés **son** lenguas derivadas del latín. Mis hermanas **son** morenas, bajitas y bastante delgadas.
cualidades o atributos esenciales, que se usan para definir (color, material...)	– ¿Cómo **es** tu maleta? – **Es** roja y dura. – ¿**Es** de piel? – No, **es** de plástico.
información del tiempo y el lugar de sucesos o acontecimientos	La boda **es** el próximo domingo. El concierto **es** en el Pabellón Municipal. Los partidos **son** los sábados por la mañana.
preguntar e informar sobre la hora	– ¿Qué hora **es**? – **Son** las doce y media.

verbo ***estar***	
identificación	El aceite **está** en el armario de la derecha. Ya **estamos** muy cerca de casa. Buenos días, ¿**está** el señor Gil (en la oficina), por favor?
situación, actividad	Lo siento, María **está hablando** por la otra línea. Antonio **está** de vacaciones, vuelve el día 8. Ayer **estuve** de compras en el barrio viejo.
descripción de un estado	– Hola, ¿cómo **estás**? – Bien, pero **estoy** un poco cansado. Este teléfono **está** estropeado, vamos a otro.

● **Algunos casos especiales**

	bueno / malo	bien / mal
ser	Calidad → La película **es** buenísima, tienes que verla. Conveniencia → No **es** malo no molestar, pero es mejor ayudar.	
estar	Sabor o estado de los alimentos → ¡Qué buena está esta sopa!	Corrección → Este ejercicio no **está** bien, tiene un par de errores. Salud → **Estoy** bien, no me he hecho daño, gracias.

Hay otros adjetivos que tienen distinto significado con *ser* o con *estar*:

Paco **es** muy **listo**, sabe muchas cosas. (listo → inteligente)
Paco ya **está listo**, podemos irnos. (listo → preparado)

	ser	estar
aburrido, -a	boring	bored
abierto, -a	communicative / frank	open
despierto, -a	smart / alert	awake
interesado, -a	acting out of self-interest	interested
verde	green	unripe / not ready

ATENCIÓN

Ya **está** (todo). (*Ready / Finished*)
Eso **es** todo. (*That's all*)

¿Cómo / Qué tal **está** Pepe? **Está** muy bien. (*How is Pepe? He is very well.*)
¿Cómo **es** Pepe? **Es** alto y rubio. (*What does Pepe look like? He is tall and blond.*)
¿Qué tal **es** Pepe? **Es** muy agradable. (*What is Pepe like? He is very nice.*)

¿Qué día **es** hoy? **Es** lunes, 5 de Mayo. (*What day is it today? It is Monday, May 5th.*)

Errores más frecuentes

● **Con el verbo *ser***

— Hans ~~está~~ alemán.
Nieves ~~está~~ de Guatemala.
Gabriel García Márquez ~~está~~
colombiano.
Prueba el queso. ~~Está~~ del pueblo
de Santi.

Hans **es** alemán.
Nieves **es** de Guatemala.
Gabriel García Márquez **es**
colombiano.
Prueba el queso. **Es** del pueblo
de Santi.

origen ⟶ *ser*

— Madrid ~~está~~ una ciudad
muy cosmopolita.
Gaudí ~~estaba~~ un arquitecto modernista
catalán.
Estas puertas ~~están~~ de madera.

Madrid **es** una ciudad
muy cosmopolita.
Gaudí **era** un arquitecto modernista
catalán.
Estas puertas **son** de madera.

definición, atributos ⟶ *ser*

— ¿Dónde ~~está~~ la fiesta?
El examen ~~está~~ el lunes a las doce
y media.
La reunión ~~está~~ por la tarde.
La conferencia ~~está~~ en el salón grande.
El encuentro ~~está~~ el 14 de diciembre.

¿Dónde **es** la fiesta?
El examen **es** el lunes a las doce
y media.
La reunión **es** por la tarde.
La conferencia **es** en el salón grande.
El encuentro **es** el 14 de diciembre.

eventos ⟶ *ser*

● **Con el verbo *estar***

— Ale e̶s̶ en Cali, vuelve el domingo.
No h̶e̶ ̶s̶i̶d̶o̶ nunca en África, ¿y tú?
F̶u̶i̶m̶o̶s̶ en el aeropuerto
de Londres dos horas.

Ale **está** en Cali, vuelve el domingo.
No he **estado** nunca en África, ¿y tú?
Estuvimos en el aeropuerto
de Londres dos horas.

> localización ⟶ **estar**

— El director e̶s̶ de viaje en Londres.
He s̶i̶d̶o̶ con mucho trabajo
esta semana.
Ayer f̶u̶e̶ ̶l̶l̶o̶v̶i̶e̶n̶d̶o̶ todo el día.
Mis amigos s̶o̶n̶ ̶n̶a̶d̶a̶n̶d̶o̶ en el mar.

El director **está** de viaje en Londres.
He **estado** con mucho trabajo
esta semana.
Ayer **estuvo** lloviendo todo el día.
Mis amigos **están** nadando en el mar.

> situación ⟶ **estar** (+ gerundio)

— Ayer no salí porque e̶r̶a̶ cansado.
María e̶s̶ muy contenta
con su nuevo trabajo.
Nuestro coche e̶s̶ estropeado.

Ayer no salí porque **estaba** cansado.
María **está** muy contenta
con su nuevo trabajo.
Nuestro coche **está** estropeado.

> descripción de estados ⟶ **estar**

— No s̶o̶y̶ bien, me duele la cabeza.
La película no e̶s̶ mal, es divertida.
Nuestros nombres s̶o̶n̶ mal
escritos en la lista.
Tu examen e̶r̶a̶ bien. No te
preocupes.

No **estoy** bien, me duele la cabeza.
La película no **está** mal, es divertida.
Nuestros nombres **están** mal
escritos en la lista.
Tu examen **estaba** bien. No te
preocupes.

> bien, mal ⟶ **estar**

EJERCICIOS

1. Elija en cada caso la pregunta o la respuesta correcta de las dos que se ofrecen para formar un diálogo.

a)	– Buenos días, ¿está el Sr. Romero?	✓Lo siento, pero no es aquí. Se ha equivocado. Este es el despacho de la Sra. Moreno. – Sí, es aquí. ¿Qué desea?
b)	– ¿No es el 556 368, el despacho de abogados? – ¿Está Lucía, Lucía Borges? Soy su hermana.	– Sí, pero esta no es la extensión 368, es la 369.
c)	– ¡Ah! ¿Y no sabría usted si el Sr. Romero está en su despacho hoy?	– ¡Ah! Hola. No, no está, ha salido un momento. – Creo que sí está, pero tendrá que volver a llamar y marcar su extensión, yo no puedo pasarle.
d)	– Muy bien. Gracias y perdone. – ¿Puedes decirle que me llame? Estoy en casa.	– De nada. Adiós.

2. Elija la forma correcta, como en el ejemplo.

a) Encontrar apartamento por esta zona no (*es*/ *está*) un problema.

b) (*Soy / estoy*) preocupada, creo que mi hija (*está / es*) enferma porque lleva dos días que come y duerme muy mal.

c) – ¿Sabes? (*He sido / he estado*) de vacaciones en Costa Rica.
   – Ah, ¿sí? ¿Y cómo (*está / es*) el paisaje?
   – ¡Fantástico! Las playas (*son / están*) maravillosas, y además todavía no (*son / están*) muy estropeadas por el turismo.

d) – Luisa, tú (*eres / estás*) de Almería, ¿no?
   – Sí, ¿por qué?
   – Es que (*estoy / soy*) organizando un viaje allí y quería saber si el aeropuerto (*está / es*) muy lejos del centro de la ciudad.

3. Complete el siguiente diálogo con las formas adecuadas de *ser* o *estar*.

MADRE: ¿Dónde ....es...... el partido de hoy?

CARLOS: En un polideportivo que .... al lado de la escuela.

MADRE: Y ¿contra quién jugáis hoy? ¿De dónde .... el otro equipo?

CARLOS: Los jugadores .... turcos, de Estambul.

MADRE: ¿Y .... buenos?

CARLOS: Sí, pero en este torneo nosotros .... jugando mucho mejor.

MADRE: ¿No .... nervioso?

CARLOS: Un poquito, pero .... bien, creo que podemos ganar.

MADRE: Carlos, ... las nueve menos diez! ¡Vas a llegar tarde...!

4. Combine las palabras del recuadro con *ser* o *estar* para resumir las siguientes frases, como en el ejemplo.

de París	buena	en París	~~seria~~
técnico informático	buenísima	triste	

a) Nunca se ríe ni cuenta chistes. → ...Es serio.................

b) Hoy no se ríe y creo que ha llorado. → ....

c) Nació en la capital de Francia. → ....

d) Hace un rato me llamó desde la Torre Eiffel. → ....

e) Trabaja con ordenadores. → ....

f) ¡Mmm! ¡Qué papaya más sabrosa! → ....

g) La papaya tiene propiedades digestivas. → .... para la digestión.

5. Identifique y corrija los errores (puede haber más de uno por frase), como en el ejemplo.

a) Me gusta Lucía porque está una persona muy tranquila. → ....es..........

b) La boda está en la Catedral, que es muy cerca de mi casa. Podemos ir andando.
→ ....

c) Estuve trabajando toda la noche y soy muy cansado. → ....

d) Estos plátanos son verdes, no están listos para comer. → ....

e) Dormir bien está lo mejor para ser de buen humor por la mañana. → ....

En español existen una serie de verbos que se refieren a gustos, intereses, sensaciones y reacciones y que funcionan de forma distinta que sus correspondientes en inglés.

● **Clasificación de los verbos**

Según la forma en que se establece la concordancia, los verbos se pueden agrupar así:

quién	verbo	qué
Yo Nosotros Mi hermana	teng**o** no conoc**emos** quier**e**	un libro. Barcelona. estos patines.

Relación de concordancia

(a mí)	**Me**	encant**a**	el café.
(a tí)	**¿Te**	gust**a**	bailar?
(a Ana)	**Le**	gust**an**	los perros.
(a nosotros)	**Nos**	interes**a**	el arte moderno.
(a vosotros)	**¿Os**	apetec**e**	tomar algo?
(a mis hijos)	**Les**	interes**an**	los deportes.

Relación de concordancia

ATENCIÓN

– En inglés no se produce esa diferencia:

No conocemos Barcelona. (*We don't know Barcelona.*)

A Ana le gustan los perros. (*Ana likes dogs.*)

– La estructura del **verbo gustar** en español es similar al inglés "*something is pleasing to me*".

● Verbos como *gustar*

— Algunos verbos de este grupo: *doler, aburrir, molestar, parecer* + adjetivo

>Me **duelen** mucho **las piernas**.
>
>¿No le **aburre este tipo de programa**?
>
>¿Os **molesta el humo**?
>
>**Este sofá** nos **parece** demasiado grande.

— Características

- No concuerdan con la persona que experimenta el gusto, interés, sensación, reacción.
- Concuerdan con el objeto del gusto o interés o aquello que provoca la sensación o reacción.
- La persona que experimenta el gusto aparece expresado como pronombre complemento: *me, te, le, nos, os, les.*

— Pueden aparecer adverbios de cantidad (*mucho, poco, bastante, demasiado, nada...*) entre el verbo y el objeto.

>Me preocupa **mucho** la situación en el trabajo.

Pero no con *encantar* porque expresa grado máximo:

>Me encanta b̶a̶s̶t̶a̶n̶t̶e̶ mi trabajo nuevo.

— Para enfatizar, contrastar o identificar a la persona puede introducirse precedida de la preposición *a*, y manteniendo el pronombre correspondiente.

>**A** Inma no **le** molesta el calor.
>
>– ¿**A** quién **le** importa venir mañana más pronto?
>
>– **A** mí no **me** importa, siempre vengo muy temprano.

ATENCIÓN

A veces el verbo no va en tercera persona (*gusta, gustan*), sino que concuerda con tú, yo, nosotros... (*gustas, gusto, gustamos...*)

Me gust**as tú**	(I like you)
Te gust**o yo**	(You like me)
Me gust**a ella**	(I like her)
Le gust**amos nosotros**	(She likes us)
Me gust**áis vosotros**	(I like you –plural–)
Te gust**an ellos**	(You like them)

Errores más frecuentes

● **En la concordancia**

— ~~Gusto~~ mucho nadar.   **Me gusta** mucho nadar.

No me ~~gusto~~ nada la sopa.   No me **gusta** nada la sopa.

Me ~~interesa~~ mucho la filosofía   Me **interesan** mucho la filosofía
y la historia.   y la historia.

~~Yo~~ preocupa el deterioro   **Me** preocupa el deterioro
del medio ambiente.   del medio ambiente.

> **El verbo concuerda con el sujeto** (*qué* gusta).
> El complemento (*a quién* le gusta) se indica con los pronombres
> *me, te, le...* no con pronombres sujeto (*yo, tú, él...*).

● **En el uso de los pronombres**

— ~~Se~~ gusta dormir mucho.   **Le** gusta dormir mucho.

A ellos ~~se~~ encantan los niños.   A ellos **les** encantan los niños.

¿~~Se~~ interesa a ustedes   ¿**Les** interesa a ustedes
la cultura azteca?   la cultura azteca?

> El pronombre correspondiente a *él, ella* y *usted* es **le**
> y el correspondiente a *ellos, ellas, ustedes* es **les**, nunca *se*.

— – ¿Te gustan estos zapatos?   – ¿Te gustan estos zapatos?
   – No, no me ~~los~~ gustan.   – No, no **me gustan**.

   – ¿Le apetece una infusión?   – ¿Le apetece una infusión?
   – No, me ~~la~~ apetece.   – No, no **me apetece**.

   – ¿Le gusta la salsa?   – ¿Le gusta la salsa?
   – No, no me ~~la~~ gusta.   – No, no **me gusta**.

> Lo que *gusta* o *apetece* (*estos zapatos, una infusión...*) es el sujeto
> del verbo, no el complemento. Los verbos como *gustar, apetecer...*
> no admiten **lo, la, los, las**.

● **En la construcción de la frase**

— La película ~~me~~ pareció divertida,
pero ~~le~~ pareció aburrida.
~~Paloma~~ le gusta el jazz.
~~Nosotros~~ interesan muchísimo
los animales de la selva.
~~Les~~ molesta el ruido de la calle
y ~~nos~~ molesta también.

La película **a mí** me pareció divertida,
pero **a él** le pareció aburrida.
A Paloma le gusta el jazz.
A nosotros nos interesan muchísimo
los animales de la selva.
A ellos les molesta el ruido de la calle
y **a nosotros** nos molesta también.

> **Para expresar contraste o identificación** se introduce
> la persona precedida de la preposición *a*, y se mantiene
> el pronombre (*me, te, le...*).

— ~~Les no gusta~~ el jamón.
~~Me mucho interesa~~ el arte moderno.
A nosotros nos ~~bastante~~
~~aburre~~ la televisión.
A Sara le ~~nunca duele~~ la cabeza.

No les gusta el jamón.
Me interesa mucho el arte moderno.
A nosotros **nos aburre
bastante** la televisión.
A Sara **nunca le duele** la cabeza.

> Entre el pronombre (*me, te, le...*) y el verbo no puede ir
> **ninguna palabra**.

— Nos encanta ~~mucho~~ hablar.
A mis padres les encanta
~~poco~~ la música moderna.
Me encanta ~~mucho~~ esta ensalada.

Nos **encanta** hablar.
A mis padres **no les gusta**
la música moderna.
Me **encanta** esta ensalada.

> El verbo ***encantar*** indica grado máximo y no admite adverbios
> de cantidad como *mucho, poco, bastante, demasiado...*

EJERCICIOS

1. Relacione elementos de las dos columnas.

a) No me gusta   A. yo, sino mi vecino.

b) A Marcelo le encantan   B. la prensa sensacionalista.

c) ¿Te apetece   C. bastante los programas deportivos.

d) A la policía no le intereso   D. ir al concierto conmigo.

e) Nos aburren   E. los libros de historia.

f) Me importas   F. tú mucho más que ellos.

2. Su academia de español ha preparado un programa de intercambio con estudiantes de otros países. Complete la presentación que ha preparado una de las alumnas.

me gusta	me interesa	me encantan	~~me gustan~~
me aburren	me encanta	me interesan	me aburre

Soy muy activa y ...me gustan...... mucho los deportes de aventura. .... especialmente los deportes acuáticos: submarinismo, windsurf, rafting. La televisión .... bastante, pero .... ir al cine, voy dos veces por semana. En las tardes de invierno .... leer, ... mucho la historia contemporánea y es un tema fascinante de conversación. Las personas que solo hablan de sí mismas o de la vida de los famosos .... un poco. También .... los animales, mis favoritos son las iguanas y los delfines.

3. Escriba ahora una presentación sobre sí mismo.

Soy una persona muy tranquila y leer es lo que más me gusta. ....

....

....

....

....

....

4. Construya frases relacionando las tres columnas. Utilice solo una vez cada uno de los elementos de las columnas 2 y 3.

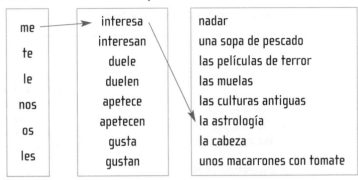

me	interesa	nadar
te	interesan	una sopa de pescado
le	duele	las películas de terror
nos	duelen	las muelas
os	apetece	las culturas antiguas
les	apetecen	la astrología
	gusta	la cabeza
	gustan	unos macarrones con tomate

a) ..Me interesa la astrología...

b) ....

c) ....

d) ....

e) ....

f) ....

g) ....

h) ....

5. Localice el error en las siguientes oraciones y corríjalo.

a) Me gusto mucho tus zapatos, ¿dónde los has comprado?

⟶ ...gustan.........................

b) Ana dice que no se apetece ir a un restaurante chino.

⟶ ....

c) Vamos a descansar, por favor, me duele mucho los pies.

⟶ ....

d) Ya no salgo con Julio y Juan porque ahora a ellos interesan otras cosas.

⟶ ....

e) A mi hermana le encanta muchísimo la música latina.

⟶ ....

Para hablar del pasado (contar historias, anécdotas, recuerdos, etc.) en español pueden usarse diferentes tiempos verbales. El mayor problema se da en las ocasiones que incluyen el uso combinado del indefinido (*estuve*) y el imperfecto (*estaba*).

● **Relación y contraste entre el indefinido y el imperfecto**

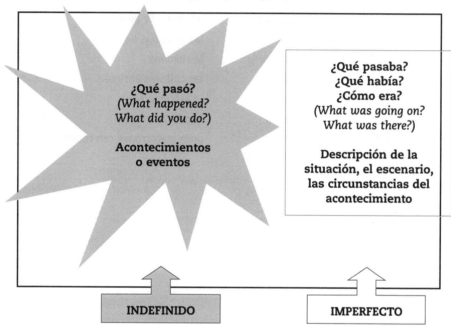

¿Qué pasó?
(What happened? What did you do?)

Acontecimientos o eventos

¿Qué pasaba? ¿Qué había? ¿Cómo era?
(What was going on? What was there?)

Descripción de la situación, el escenario, las circunstancias del acontecimiento

INDEFINIDO

IMPERFECTO

Ejemplos:

Salí de casa porque tenía que ir a correos.
Eran las tres.
Estaba lloviendo.
No llevaba paraguas.
No había mucha gente en la calle.

La casa era muy pequeña pero la alquilé porque estaba muy cerca de la oficina.

Lo recordé cuando estaba en el autobús.

Cuando nos conocimos yo estaba embarazada.

– ¿No saliste el sábado?

– No, es que me dolía mucho la cabeza.

Errores más frecuentes

● **En el uso del imperfecto**

— Leí esa novela cuando ~~tuve~~ 18 años.

Leí esa novela cuando **tenía** 18 años.

Compramos esa lámina de El Greco cuando ~~vivimos~~ en Toledo.

Compramos esa lámina de El Greco cuando **vivíamos** en Toledo.

Aprendió a tocar el piano cuando ~~fue~~ pequeño.

Aprendió a tocar el piano cuando **era** pequeño.

Cuando ~~fui~~ joven jugaba al tenis muy bien.

Cuando **era** joven jugaba al tenis muy bien.

> Exposición de circunstancias personales (como la edad...) ⟶ **imperfecto**

— Fui a visitarle ayer pero no ~~estuvo~~ en casa.

Fui a visitarle ayer pero no **estaba** en casa.

No fueron a trabajar porque ~~estuvieron~~ enfermos.

No fueron a trabajar porque **estaban** enfermos.

Abrí la caja y ~~estuvo~~ vacía.

Abrí la caja y **estaba** vacía.

> Descripción de la situación o estado de personas o cosas en el pasado ⟶ **imperfecto**

— El vestido ~~fue~~ precioso pero no lo compré porque ~~fue~~ muy caro.

El vestido **era** precioso pero no lo compré porque **era** muy caro.

Conocí a una chica muy simpática, se ~~llamó~~ Karen y ~~fue~~ monitora del gimnasio.

Conocí a una chica muy simpática, se **llamaba** Karen y **era** monitora del gimnasio.

> Descripción de las características de personas y cosas en el pasado ⟶ **imperfecto**

— Fueron las tres cuando
me dieron la noticia.

Nos fuimos muy pronto de la fiesta
porque hizo mucho calor
y la música estuvo demasiado alta.

Visitamos el museo del Prado
el domingo. Fue un edificio
muy bonito, tuvo muchas salas
y hubo mucha luz.

Eran las tres cuando
me dieron la noticia.

Nos fuimos muy pronto de la fiesta
porque **hacía** mucho calor
y la música **estaba** demasiado alta.

Visitamos el museo del Prado
el domingo. **Era** un edificio
muy bonito, **tenía** muchas salas
y **había** mucha luz.

> Circunstancias ambientales de un acontecimiento
> pasado ⟶ **imperfecto**

— Entramos en el restaurante
porque tuvimos mucha hambre.

Me fui a casa porque estuve
muy cansada.

Entramos en el restaurante
porque **teníamos** mucha hambre.

Me fui a casa porque **estaba**
muy cansada.

> Situación o estado que se presenta como explicación
> o justificación de algo pasado ⟶ **imperfecto**

● **En el uso del indefinido**

— ¿Cuántos días estabas en Kenia?

Estudiaba francés durante
cinco años en la escuela
pero lo hablo muy mal.

¿Cuándo empezabas a estudiar
en esta escuela?

Mi tío venía en el año 1972 a España
porque quería estudiar español.

¿Cuántos días **estuviste** en Kenia?

Estudié francés durante
cinco años en la escuela
pero lo hablo muy mal.

¿Cuándo **empezaste** a estudiar
en esta escuela?

Mi tío **vino** en el año 1972 a España
porque quería estudiar español.

> Las acciones principales (estar en Kenia, estudiar francés...) ⟶ **indefinido**
> Las circunstancias de otro acontecimiento ⟶ **imperfecto**

EJERCICIOS

1. En la oficina del Banco Central se ha producido un robo esta mañana. La policía está interrogando a los testigos. Lea la conversación y elija la forma del verbo adecuada entre las dos opciones.

POLICÍA: ¿A qué hora (*llegó* / *llegaba*) usted al banco?

CLIENTE: (*Fueron* / *Eran*) las nueve menos cuarto, más o menos.

POLICÍA: ¿No (*notaba* / *notó*) nada raro?

CLIENTE: Pues, no; (*había* / *hubo*) mucha gente como siempre.

POLICÍA: ¿Dónde (*estuvo* / *estaba*) usted exactamente cuando (*empezaba* / *empezó*) el atraco?

CLIENTE: En la cola, todavía (*hubo* / *había*) tres personas delante de mí.

POLICÍA: Y los atracadores, ¿cómo (*eran* / *fueron*)?

CLIENTE: Pues no les vi la cara porque la (*llevaban* / *llevaron*) cubierta, pero creo que (*fueron* / *eran*) una mujer y dos hombres, jóvenes; (*fueron* / *iban*) vestidos de negro, todo negro y (*llevaron* / *llevaban*) guantes blancos.

2. Complete el siguiente texto con las formas verbales del recuadro.

conocía	conocí	tenía	tuve	vivía
viví	encontraba	encontré	estudiaba	estudié

.....Estudié..... Zoología en la universidad. Cuando .... 25 años, decidí pedir una beca de estudios para salir de España porque no .... trabajo. ¡Y me fui a la selva amazónica! .... ocho meses en un pequeño poblado estudiando las aves de la selva. Aprendí muchísimo con un indígena que .... todos lo secretos de estos pájaros. .... que aprender su lengua porque él no hablaba español. .... a gente muy interesante de otros países que también .... allí y .... todo tipo de plantas y animales amazónicas. Fue una experiencia maravillosa. Allí .... la felicidad.

3. Una los siguientes pares de frases con el tiempo adecuado como en el ejemplo.

a) • trabajar en la misma empresa
   • conocer a mi pareja
   Cuando ...conocí a mi pareja..., los dos ...trabajábamos en la misma empresa....

b) • comprarse un bocadillo
   • tener hambre
   Como ...., ... y ahora no quiere cenar.

c) • llegar tarde a la entrevista
   • haber mucho tráfico
   .... porque ....

d) • llamarme por teléfono
   • estar muy preocupado
   ¿Por qué no ....? .... por ti.

e) • tener 10 años
   • ganar su primer concurso de cuentos infantiles
   .... cuando ....

f) • correr al supermercado
   • estar cerrado
   .... pero ya ....

g) • no gustarme los zapatos
   • cambiarlos
   .... así que ....

h) • encantar la película
   • tener muy buena fotografía
   .... porque ....

4. Identifique el error que hay en cada frase y corríjalo como en el ejemplo.

a) El domingo pasado íbamos al parque de atracciones, pero no subimos en la montaña rusa.

⟶ ..fuimos.......................

b) Anoche se fue a la cama temprano porque hoy tuvo que madrugar.

⟶ ....

c) De pequeña fue una niña muy sociable y tenía muchos amigos.

⟶ ....

d) Como fue muy tarde, decidimos parar y dormir en casa de los primos.

⟶ ....

e) Pasaba su infancia en el extranjero, pero a los 12 años su familia se mudó definitivamente a España.

⟶ ....

5. Complete las siguientes frases utilizando el tiempo adecuado (imperfecto o indefinido).

a) No acepté el trabajo porque ..prefería no cambiar en ese momento....

b) Hacía demasiado calor, por eso ....

c) El autobús nos estaba esperando cuando ....

d) Como ...., las calles estaban desiertas.

e) Aunque ...., se perdió en el laberinto de calles de la zona antigua.

f) No pudo entender lo que decían porque ....

La construcción de oraciones negativas en español presenta algunas diferencias con la construcción de oraciones negativas en inglés.

● La negación: orden de la frase

Las frases negativas en español necesitan siempre una palabra negativa (*no, tampoco, ni, nadie, jamás, nunca*...) delante del verbo, a diferencia del inglés:

— NO + (pronombre) + verbo

> ¿Dónde están las llaves? **No** sé, yo **no** las he visto.
>
> ¿**No** te dijo por qué **no** podía venir?

— Partícula(s) negativa(s) + (pronombre) + verbo

> **Jamás** entenderé por qué hizo eso.
>
> **En la vida** he tenido una enfermedad grave.
>
> Yo **tampoco** lo sé.

— NO + (pronombre) + verbo + partícula(s) negativa(s)

> **No** he estado **nunca** en su casa.
>
> **No le** he contado tu secreto a **nadie**.
>
> Pablo **no** quiere ir **tampoco**.

ATENCIÓN

- En español, a diferencia del inglés, la doble negación es normal.

> **No** tengo **ningún** libro de arte.

- En una misma frase puede haber más de dos fórmulas negativas.

> En esta casa **nadie** sabe **nunca nada**.
>
> **Nunca jamás** he dicho **nada** sobre ese tema.

- **No...ni / Ni...ni...ni / Sin...ni**

> Alicia es vegetariana, **no** come carne **ni** pescado.
>
> **Ni** Eva, **ni** Nieves, **ni** Chus saben que estoy aquí.
>
> Se fue de la fiesta **sin** decir adiós **ni** darnos las gracias.

ATENCIÓN

Perdón. Fue **sin** querer. (*Sorry. I didn't mean it.*)

Estoy **sin** dormir / desayunar. (*I haven't had any sleep / I've had no breakfast.*)

- *Algo, nada, nadie*

Forma negativa	Forma afirmativa
nada	algo
nadie	alguien
nunca	alguna vez

— Las formas afirmativas (*algo, alguien, alguna vez*) se usan en español solo en frases afirmativas (enunciativas o interrogativas).

> – ¿Queréis beber **algo**? (*Do you want anything to drink?*)
>
> – Yo, no sé... **algo** sin gas. Un zumo. (*...something...*)

— En frases negativas (enunciativas o interrogativas) es necesario usar las formas negativas (*nada, nadie, nunca*).

> – ¿Y tú? ¿No vas a tomar **nada**? (Aren't you drinking anything?)
>
> – Yo no quiero **nada**, gracias.

Errores más frecuentes

— Tengo no tiempo.   **No** tengo tiempo.
Hay no pan.   **No** hay pan.
He nunca vivido solo.   **Nunca** he vivido solo.
Vienes jamás a visitarme.   **Jamás** vienes a visitarme.
Va nadie a clase.   **Nadie** va a clase.

> Si hay una sola partícula negativa debe ir delante del verbo:
> **negación** + verbo.

— He visto a nadie hoy.   **No** he visto a **nadie** hoy.
Sé nada.   **No** sé **nada**.
He viajado nunca a México.   **No** he viajado **nunca** a México.
Quiere tampoco pescado.   **No** quiere **tampoco** pescado.

> Si la partícula negativa va después del verbo, debe ponerse *no* delante:
> **no** + verbo + **partícula negativa**.

— Yo no voy también.   Yo no voy **tampoco**.
No conozco Cuba o México.   No conozco Cuba **ni** México.
No quiero algo, gracias.   No quiero **nada**, gracias.
Nadie vio algo.   Nadie vio **nada**.
¿No hablaste con alguien?   ¿No hablaste con **nadie**?
No como grasas y dulces.   No como grasas **ni** dulces.
No tengo suerte algún día.   No tengo suerte **nunca**.

> Una partícula negativa delante del verbo requiere que las
> otras partículas detrás del verbo también sean negativas:
> **no / partícula negativa** + verbo + **partícula negativa**.

EJERCICIOS

1. Seleccione entre las dos opciones la respuesta más adecuada para cada una de las siguientes preguntas.

a) – Yo no quiero ir en autobús	– Yo no. ✓ Yo tampoco.
b) – Voy a llamar otra vez. ¡Hola! ¿Hay alguien en casa?	– Vámonos, aquí no hay nadie. – Pues no, no hay nada en casa.
c) – ¿No has probado nunca la comida mexicana?	– No, no me gusta nada. – No, ni la mexicana ni la cubana.
d) – ¿Puedo hacer algo para ayudarte?	– No, de verdad, no se puede hacer nada. – ¿De verdad no podemos hacer nada?
e) – ¿Vas a ir solo al supermercado?	– Sí, en el supermercado nunca hay nadie. – Sí, es que nadie puede acompañarme.

2. Ordene las siguientes palabras para formar frases, como en el ejemplo.

a) me / nunca / nadie / cuenta / nada
   Nadie me cuenta nunca nada.

b) hermanos / tengo / no / hermanas / ni
   ....

c) a / ópera / he ido / no / la / nunca
   ....

d) La vida / me / los famosos / de / no / interesa / en absoluto
   ....

e) ¡Decídete! / ¿ / algo / quieres / o / no / nada / quieres / ?
   ....

f) Si / no / yo / voy / él / quiere / tampoco / ir
   ....

3. Complete las siguientes frases con dos partículas negativas adecuadas.

a) ...No... había visto ...nunca... tantos pájaros juntos. ¡Es increíble!

b) .... me gusta .... el té con leche, ¿y a ti?

c) El protagonista de la película es un hombre que está solo en la ciudad, ... tiene ni familia .... amigos. Y entonces...

d) .... he ido .... al circo, ¿es divertido?

e) – ¿No puede hacer Antonio este trabajo?

– No, él .... sabe .... de informática

f) – ¿Y .... viste a .... famoso?

– Sí, en un restaurante vimos a Pedro Almodóvar.

g) .... sal .... aceite no podemos cocinar. Vamos al super-mercado a comprar.

4. Identifique el error y corríjalo, como en el ejemplo.

a) A mi hijo no le gusta la fruta ⊗ la verdura. ⟶ ...ni...............

b) Lo siento, pero quedan no entradas para esta noche. ⟶ ....

c) No, no tengo novia. Ahora mismo no salgo con alguien. ⟶ ....

d) Con tantos exámenes, llevo un mes sin salir o ver una película. ⟶ ....

e) Fue jamás mi intención vivir en Londres tanto tiempo. ⟶ ....

f) Ana no quiere algo también. (2 errores) ⟶ ....

5. Isabel habla con una amiga sobre sus vacaciones en México. Complete las intervenciones del diálogo con preguntas o respuestas adecuadas. Utilice las partículas negativas aprendidas.

¡El viaje ha sido horrible, un desastre! Todo fue negativo.

a) ANA: ¿Visteis algo interesante en el museo de antropología?

   ISABEL: En el museo no se podía ver nada porque había demasiada gente

b) ANA: ¿Te gustó la comida típica de allí?

   ISABEL: ....

c) ANA: ....

   ISABEL: ¡Nunca he pasado tanto calor!

d) ANA: ¿Has comprado algo de recuerdo?

   ISABEL: ....

e) ANA: ....

   ISABEL: Sí, yo hablaba en español con la gente, pero nadie me entendía.

f) ANA: ¿Visteis muchos animales y plantas exóticas?

   ISABEL: ....

g) ANA: ¿Os ayudó alguien en el aeropuerto?

   ISABEL: ....

> El inglés y el español pueden utilizar expresiones y estructuras muy diferentes para indicar el tiempo que ha pasado desde que sucedió algo.

● **Preguntar o informar sobre el momento en que algo sucedió**

> **hace** + cantidad de tiempo

> – ¿**Cuándo** conociste a tu novio?
> a) El 2 de octubre de 2000.
> b) **Hace** dos años. (*Two years ago.*)

● **Preguntar o informar sobre el punto de partida o inicio de una acción o situación presente**

> **desde** + tiempo específico
> **desde que** + verbo / oración
> **desde hace** + cantidad de tiempo

> ¿**Desde cuándo** conoces a Juan? (*How long have you known him?*)
> a) **Desde** 1998. (*since*)
> b) **Desde** el verano. (*since*)
> c) **Desde que** empecé a trabajar aquí. (*since*)
> d) **Desde hace** 4 años. (*for*)

● **Preguntar o informar sobre la duración de una acción o situación presente**

¿cuánto tiempo...?			
	Hace	+ cantidad de tiempo	+ **que** + verbo (en presente)
	Llevar	+ cantidad de tiempo	+ gerundio [1] + frase preposicional [2] + participio [3] + adjetivo [4]

– ¿Cuánto tiempo **hace que** vives aquí? (*How long have you been living...*)
– (**Hace**) 5 años.

– ¿Cuánto tiempo **llevas viviendo** [1] aquí? (*How long have you been living...*)
– (**Llevo**) 5 años.

Hace dos semanas **que** no salgo.

Llevo dos semanas **sin salir** [2].

¿**Llevas** mucho aquí **sentado** [3]?

El mar **lleva** varios días muy **tranquilo** [4].

ATENCIÓN

– Las formas ***hace*** + cantidad de tiempo + ***que***
        llevar + cantidad de tiempo + gerundio
                                      frase preposicional
                                      participio
                                      adjetivo
se pueden usar casi indistintamente.

– Para expresar la duración de una acción hasta un momento determinado en el pasado se usan *hacía* y *llevaba*, en pretérito imperfecto.

    Cuando llegamos **hacía** media hora **que** había empezado el concierto.
    Llevábamos un buen rato **hablando**, cuando el teléfono se cortó.

Errores más frecuentes

● **En las frases con *desde***

— No veo a mi familia d~~es~~de
   tres meses.

   No veo a mi familia **desde hace**
   tres meses.

   Me duele la garganta d~~es~~de hace
   cinco días.

   Me duele la garganta **desde hace**
   cinco días.

> ***desde hace*** + cantidad de tiempo

— Vivo aquí ~~desde~~ era pequeño.

Vivo aquí **desde que** era pequeño.

~~Desde~~ la crisis empezó,
las acciones han bajado.

Desde que la crisis empezó
las acciones han bajado.

— ~~Desde~~ se fue no hemos tenido
noticias suyas.

Desde que se fue no hemos tenido
noticias suyas.

Está así de feliz ~~desde~~ nació
su hijo.

Está así de feliz **desde que** nació
su hijo.

> *desde que* + verbo / oración

- **En las frases con *hace...* o *llevar...***

— No ~~he tenido~~ noticias ~~por~~ tres días.

Hace tres días **que** no tengo
noticias.

Llevo tres días **sin** noticias.

— ~~Hemos estado hablando~~ por 3 horas.

Llevamos 3 horas **hablando**.

> Para informar de la duración o tiempo que ha pasado:
> **hace** + cantidad de tiempo + *que* + verbo (en presente)
> **llevar** + cantidad de tiempo + gerundio
> frase preposicional
> participio
> adjetivo

— ~~Por~~ cuánto tiempo ~~has trabajado~~
en este hospital?

¿Cuánto tiempo **llevas trabajando**
en este hospital?

¿Cuánto tiempo **hace que trabajas**
en este hospital?

¿Desde hace cuánto tiempo trabajas
en este hospital?

¿Roberto? ¿Dónde estás?
¡He ~~estado esperándote~~ por
media hora!

¿Roberto? ¿Dónde estás?
¡**Llevo media hora esperándote**!

> Si la acción o situación abarca el tiempo presente **el verbo** debe ir
> **en presente**.

EJERCICIOS

1. Complete el texto con una de las fórmulas del recuadro.

desde que	~~hace~~	desde
desde hace		lleva

Richard vino a España ....hace........ tres meses para perfeccionar su español. .... llegó, ha vivido con una familia española que es amiga de sus padres .... veinte años. Se conocieron durante unas vacaciones en Mallorca y han sido amigos .... entonces. Richard está muy a gusto con la familia, pero .... varios días pensando que le gustaría compartir un piso con otros estudiantes de su edad.

2. Ana habla de dos fechas importantes en su vida:

¿Fechas importantes para mí? Julio del 2000, porque conocí a Antonio, mi marido. Y diciembre del 2001 porque me casé y me fui a........... vivir a Valencia.

Teniendo en cuenta la información sobre Ana y que hoy es 1 de julio de 2002, escriba una pregunta adecuada para cada una de las respuestas. Use las expresiones del recuadro.

¿Cuándo...?	¿Cuánto tiempo hace que...?
¿Desde cuándo...?	¿Cuánto tiempo llevas...?

a) – ¿ Cuándo conociste a tu marido ? – En julio del 2002.

b) – ¿................................. ? – Desde hace dos años.

c) – ¿................................. ? – Hace siete meses.

d) – ¿................................. ? – Desde que me casé.

e) – ¿................................. ? – Desde diciembre.

f) – ¿................................. ? – Siete meses.

3. Relacione los elementos de las dos columnas y forme frases usando una fórmula diferente cada vez.

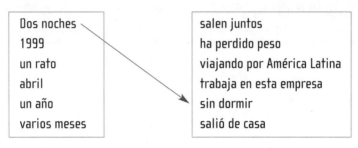

Dos noches	salen juntos
1999	ha perdido peso
un rato	viajando por América Latina
abril	trabaja en esta empresa
un año	sin dormir
varios meses	salió de casa

a) ......Lleva dos noches sin dormir.......

b) ....

c) ....

d) ....

e) ....

f) ....

4. En las siguientes frases falta una palabra (relacionada con las expresiones de tiempo estudiadas). Identifique la palabra y escríbala en el lugar correcto.

a) ¿Cuánto tiempo ⬆ que compraste el ordenador?

........................hace........................

b) Desde tuvo el accidente no ha conducido el coche.

....

c) ¿Cuánto tiempo hablando por teléfono? Te va a costar una fortuna.

....

d) Lo sabemos desde dos semanas.

....

e) Hace dos meses no voy al teatro.

....

f) ¿Desde tienes este problema con el ordenador?

....

5. Este es el diario de un náufrago encontrado dentro de una botella. Como entró agua en la botella se han borrado algunas partes. ¿Puede ayudar a reconstruirlo? Use las fórmulas estudiadas e invente las unidades de tiempo (*días*, *semanas*, *horas*).

Lunes

Mi barco naufragó ......hace dos semanas...... y ....
vivo en esta isla desierta. Cuando llegué a la playa
.... nadando en mitad de una tormenta y
estaba agotado.

Martes

La isla tiene agua dulce, pero no he comido nada
.... porque solo hay peces y son difíciles
de capturar. .... empezaron
a llegar a la playa algunos restos de mi naufragio muy
útiles.

Miércoles

La radio del barco se estropeó dos semanas antes de naufragar,
así que .... sin comunicarme
con nadie. Por eso escribo este diario, para no sentirme tan
solo. ¡.............................. que hablo con las
gaviotas!

El uso de **qué** y **cuál** en español depende del contexto en el que se produce la pregunta.

● **Uso de qué y cuál**

— Se usa **qué** y **cuál** en preguntas para **elegir** entre varios elementos:

• entre elementos de categorías o clases diferentes: **qué**

¿zapatos? ¿camisas?
¿pantalones? ¿vestidos?

¿carne? ¿pescado?
¿pasta? ¿ensalada?
¿sopa?

¿Qué me pongo para la fiesta?
(*What shall I wear…?*)

¿Qué hacemos de cena?
(*What shall we cook…?*)

• entre elementos de la misma categoría o clase: **qué + nombre**
cuál + verbo

¿los zapatos rojos?
¿los zapatos azules?
¿los zapatos blancos?

¿sopa de fideos?
¿sopa de pescado?
¿sopa de cebolla?

¿Qué zapatos me pongo para la fiesta?
(*Which shoes…?*)

¿Qué sopa hacemos?
(*Which soup…?*)

¿Cuáles me pongo?
(*Which ones…?*)

¿Cuál hacemos?
(*Which one…?*)

— Se usa **qué** y **cuál** en preguntas (con el verbo *ser*) para:

- definir o identificar algo en general: **qué + es**
    ¿**Qué es** esto? *(what is this?)*
    ¿**Qué es** ese ruido?
    ¿**Qué es** ese aparato?
- identificar algo dentro de su clase: **cuál + es**
    (En este garaje hay muchos coches.) ¿**Cuál es** tu coche?
    (En esta escuela hay diez clases.) ¿**Cuál es** nuestra clase?

ATENCIÓN

¿**Cuál** es la diferencia? o ¿**Qué diferencia** hay?
¿**Cuál** es el problema? o ¿**Qué problema** hay / tienes?
¿**Cuál** es tu número de teléfono? o ¿**Qué número de teléfono** tienes?

Errores más frecuentes

— ¿~~Cuál~~ mesa te gusta más, la blanca o la azul?

¿**Qué mesa** te gusta más, la blanca o la azul?
(Which table...)

¿~~Qué~~ te gusta más, la blanca o la roja?

¿**Cuál** te gusta más, la blanca o la roja?
(Which one...)

> Para elegir entre elementos de la misma clase ⟶ ¿**qué + nombre**...?
> ¿**cuál + verbo**...?

— ¿~~Qué~~ es la diferencia?
¿~~Qué~~ es la capital de Perú?
¿~~Qué~~ es tu dirección?

¿**Cuál es** la diferencia?
¿**Cuál es** la capital de Perú?
¿**Cuál es** tu dirección?
(What is...?)

> Para identificar entre elementos de la misma clase
> *(las capitales, las diferencias, las direcciones posibles)* ⟶ ¿**Cuál es**...?

EJERCICIOS

1. Relacione cada pregunta con su respuesta.

a) ¿Cuál sabe mejor?

b) ¿Qué prefieres, las novelas o la poesía?

A. Las novelas, sobre todo las de detectives.

c) ¿Qué me has traído de Nueva York?

B. El de naranja, sin duda.

d) ¿Cuál de las dos está rota?

C. La pequeña.

e) ¿Qué libro estás leyendo?

D. Una novela de Vargas Llosa.

E. Unas gafas de sol.

2. Complete el diálogo usando *qué, cuál, cuáles*.

DEPENDIENTE: Hola, buenos días. ¿ ......Qué...... quería ?

CLIENTE: Busco un regalo para una señora mayor.

DEPENDIENTE: ¿.................. tipo de regalo ha pensado? ¿Algo personal?

CLIENTE: Bueno, algo práctico... no sé, unos guantes, por ejemplo. ¿....................... modelos tiene?

DEPENDIENTE: Para señora tenemos estos de lana y estos otros de piel, ¿.................. le gustan más?

CLIENTE: Los de piel mejor ¿y .... precio tienen?

DEPENDIENTE: Estos 20 euros y estos 40.

CLIENTE: Pero son muy parecidos, ¿no? ¿.................. es la diferencia?

DEPENDIENTE: Pues que los de 40 son más finos.

CLIENTE: Vale, me llevo esos.

3. Complete con *qué* o *cuál*.

a) ¿....Qué.... hacemos este fin de semana?

b) ¿.............. ocurre? ¿Por qué no entras? ¿.............. es el problema?

c) Lo siento, pero no lo entiendo. Explícamelo otra vez, ¿............ diferencia hay?

d) Te envío los archivos por correo electrónico. ¿............ es tu dirección?

e) Dime, ¿............ ordenador te has comprado al final?

4. Formule preguntas con *qué*, *cuál*, *cuáles* para las respuestas dadas.

a) – ¿Qué tipo de música te gusta más?
   – Para bailar, la salsa y para escuchar, la ópera.

b) – ....
   – Yo he pedido tortilla, en este bar la hacen buenísima.

c) – ....
   – Pues, que no sabemos cómo funciona el programa, ¿puedes ayudarnos?

d) – ....
   – Yo creo que son más elegantes los negros.

e) – ....
   – Bueno, pues que el XP200 es más rápido y tiene más memoria que el XL250.

5. Imagine que trabaja en el departamento de Recursos Humanos de una empresa multinacional y está buscando una persona para el departamento de publicidad. Use *qué*, *cuál*, *cuáles* para elaborar las preguntas de sus entrevistas.

a) Capacidad para aprender de los errores.	¿Cuál ha sido su error más importante? ¿Qué ha aprendido de sus errores?
b) Su mejor / peor trabajo hasta ahora.	
c) Su proyecto o solución más creativo.	
d) Su anuncio publicitario preferido / que menos le gusta.	
e) Sus puntos fuertes / débiles para el puesto.	
f) Conocimientos sobre nuestra empresa.	
g) Expectativas / metas para el futuro.	

Muchos verbos en español pueden conjugarse con -*se* (*irse*) o sin -*se* (*ir*). Las confusiones y errores producidos por estas diferencias son frecuentes.

● **Forma de los verbos con *se* y sin *se***

	ir	irse
yo	voy	**me** voy
tú	vas	**te** vas
él, ella, usted	va	**se** va
nosotros, nosotras	vamos	**nos** vamos
vosotros, vosotras	vais	**os** vais
ellos, ellas, ustedes	van	**se** van

● **Uso de los verbos con *se***

— En algunos casos la forma con -*se* es una marca reflexiva, indica que la persona que realiza y recibe la acción es la misma (equivale al inglés *verb* + -*self*).

Mi marido **viste** a los niños por las mañanas. (… *dresses the children*)
Mi hijo ya **se viste** solo. (… *dresses himself / gets dressed on his own*)

Siempre **baño** a los niños antes de dormir. (… *bathe the children*)
Siempre **me baño** antes de acostarme. (… *bathe myself*)

— En otros casos, la forma con -*se* también puede indicar una actividad recíproca (equivale la forma inglesa con *each other*).

No **conozco** a Lorena.
¿Nos conocemos? (*Do we know each other? / Have we met before?*)

Pedro **envía** varios correos electrónicos cada semana.
Pedro y su hermano **se envían** varios correos cada semana.

— En muchos casos la diferencia entre la forma reflexiva y no reflexiva es un cambio solo parcial en el significado del verbo.

	sin *se*	con *se*	
(go up, put up, carry up)	**subir** las escaleras subir los precios subir la compra	**subirse a** un árbol subirse a una silla subirse a un coche	(climb up, get on [to], get in)
(go down, pull down, carry down)	**bajar** la colina bajar las persianas bajar la basura	**bajarse de** la moto bajarse de la mesa bajarse del coche	(get off, get down, get out)
(to lose something / someone)	**perder** algo /a alguien	**perderse**	(to get lost)
(to bore someone)	**aburrir** a alguien	**aburrirse**	(to get bored)

● Otros verbos de este grupo:

dormir (*to sleep*)	⟶	**dormirse** (*to fall asleep*)
encontrar (*to find*)	⟶	**encontrarse** (*to bump into*)
ir (*to go*)	⟶	**irse** (*to go / be off [somewhere], to leave*)
volver (*to return*)	⟶	**volverse** (*to turn round*)

El sábado **fue** a Barcelona. (*... he went to...*)
Se fue sin decir adiós. (*She / he left...*)
Se ha ido a trabajar. (*She / he has gone off to work.*)

Me encanta **dormir** la siesta. (*to sleep*)
A Ruth le gusta **dormirse** delante de la tele. (*to fall asleep, to go to sleep*)

— En otros casos el uso de la forma con -*se* o sin -*se* implica un cambio de significado mayor.

acordar (*to agree*)	**acordarse** (*to remember*)
parecer (*to look, e.g. tired*)	**parecerse** (*to resemble*)
quedar (*to get together, to meet up*)	**quedarse** (*to stay*)

¿A qué hora y dónde **quedamos**? (*What time and where shall we meet?*)
No **queda** pan. (*There is no bread left.*)
Nos quedamos en un hotel muy bonito. (*We stayed in a lovely hotel.*)

Varias compañías telefónicas **han acordado** una reducción de sus tarifas. (*... have agreed to lower their tariffs*)
No **me acuerdo de** su nombre. (*I can't remember his / her name.*)

ATENCIÓN

¡Ya **voy**! (*I'm coming*)

Vale ¡Ya **me voy**! (*OK, I'll go away!*)

¡Adiós! ¡**Me voy**! (*Bye! I'm leaving!*)

Errores más frecuentes

● **En los verbos con *se***

— ¿Dónde quedasteis cuando fuisteis a Mallorca?

Hoy quedo contigo toda la tarde.

¿Dónde **os quedasteis** cuando fuisteis a Mallorca?

Hoy **me quedo** contigo toda la tarde.

quedarse (*to stay*)

— Tengo que ~~ir~~ ahora,
es que me esperan para cenar.

Tengo que **irme** ahora,
es que me esperan para cenar.

~~Vamos~~ de clase antes
porque hay una conferencia
en la Casa de América.

Nos vamos de clase antes
porque hay una conferencia
en la Casa de América.

> **irse** (to go / be off [somewhere], to leave)

— Y entonces ~~abrazamos~~
y cerramos el trato.

Y entonces **nos abrazamos**
y cerramos el trato.

> para indicar una actividad recíproca ⟶ **abrazarse**

— No ~~duermas~~ en el concierto,
por favor.

No **te duermas** en el concierto,
por favor.

Mi hermano ~~dormía~~ en clase
cuando era pequeño.

Mi hermano **se dormía** en clase
cuando era pequeño.

> **dormirse** (to fall asleep)

— Son hermanas pero no
~~parecen~~ nada.

Son hermanas pero no **se
parecen** nada.

> **parecerse** (to resemble)

— ~~Hemos bañado~~ en la piscina.

Nos hemos bañado en la piscina

> Cuando la persona que realiza y recibe la acción de *bañar*
> es la misma ⟶ **bañarse**

— No ~~acuerdo~~ dónde he dejado
mis gafas.

No **me acuerdo** dónde he dejado
mis gafas.

~~Acordamos~~ de ti cuando fuimos
al teatro la semana pasada.

Nos acordamos de ti cuando fuimos
al teatro la semana pasada.

> **acordarse** (to remember)

— Antes de salir ~~puso~~ el abrigo
y el gorro porque hacía frío.

Antes de salir **se puso** el abrigo
y el gorro porque hacía frío.

¿Qué vas a ~~poner~~ para la fiesta?

¿Qué **te** vas a **poner** para la fiesta?

> Cuando la persona que realiza y recibe la acción de *poner*
> es la misma ⟶ **ponerse**

— El equipo creativo reúne todas
las mañanas para compartir ideas

El equipo creativo **se reúne** todas
las mañanas para compartir ideas.

Reunimos algunas veces al mes
para charlar de literatura.

Nos reunimos algunas veces al mes
para hablar de literatura.

> Para indicar una actividad recíproca ⟶ *reunirse*

● **En los verbos sin *se***

— De acuerdo, nos vemos el jueves,
¿cómo nos quedamos?

De acuerdo, nos vemos el jueves,
¿cómo **quedamos**?

Se quedaron en una cafetería
del centro para hablar.

Quedaron en una cafetería
del centro para hablar.

> *quedar* (to get together, to meet up)

— Al final todos los países
se acordaron un plan común
de desarrollo.

Al final todos los países
acordaron un plan común
de desarrollo.

Nos acordamos que visitaríamos
la exposición por la mañana.

Acordamos que visitaríamos
la exposición por la mañana.

> *acordar* (to agree)

— Anoche solo me dormí dos horas.

Anoche solo **dormí** dos horas.

Se durmió toda la semana en casa
de su abuela para cuidarla.

Durmió toda la semana en casa
de su abuela para cuidarla.

> *dormir* (to sleep)

— Me he puesto el diccionario
en la estantería.

He puesto el diccionario
en la estantería.

En este cajón nos ponemos
los calcetines.

En este cajón **ponemos**
los calcetines.

> Cuando el que realiza la acción no es el mismo que el
> que la recibe ⟶ *poner*

— El director se reunió a
los comerciales para felicitarlos.

El director **reunió** a
los comerciales para felicitarlos.

> Cuando no indica una actividad recíproca ⟶ *reunir*

EJERCICIOS

1. Relacione las dos partes de cada frase.

a) Bájate de	A. 8 horas al día.
b) Baja	B. cansada, ¿estás bien?
c) Nos conocimos	C. al embajador de Turquía.
d) Conocimos	D. contigo a la fiesta de Andrés.
e) Pareces	E. la música, por favor, estoy trabajando.
f) No te pareces	F. en Turquía.
g) Necesito dormir	G. esa escalera, te vas a caer.
h) El niño se duerme	H. sin decir adiós.
i) No podemos ir	I. nada a tu hermana.
j) Se fue	J. normalmente a las 9.

2. Complete el siguiente diálogo entre Paula y Alicia con la forma adecuada (con *se* o sin *se*) de los verbos que se dan en el recuadro.

abrazar	~~ver~~	saludar	quedar
encontrar	despedir	ver	

ALICIA: ¿Qué sabes de Javier? ¿Ya no (*vosotros*) ....os veis......... nunca?

PAULA: No, pero el otro día (*nosotros*) .... por casualidad en el supermercado.

ALICIA: ¿Y no (*vosotros*) ....?

PAULA: Sí, claro. Nos dimos un beso, y (*nosotros*) .... ¡Parecía que no nos habíamos visto en diez años!

ALICIA: ¿Y qué tal?

PAULA: Muy bien. Estuvimos hablando mucho rato. Y al final ¡nos echaron del súper porque iban a cerrar! Así que (*nosotros*) .... y (*nosotros*) .... en (*nosotros*) .... otro día.

3. Complete el siguiente texto con las formas del recuadro.

duerme	se duerme	baja	se baja	volverse
volver		acostarse		acostar

Hace varias noches que Luis no .....duerme.... bien y, aunque hoy es su cumpleaños, decide .... a casa directamente y .... "Ya lo celebraré otro día" –piensa. Luis está tan cansado que .... en el autobús y .... en una parada equivocada. Cuando por fin llega a casa todo está muy tranquilo, su mujer suele .... a los niños a las 8 y ya son las 9. Luis cierra la puerta y .... el volumen de la tele que está encendida. Entonces, al .... ¡Sorpresa! Allí están toda su familia y varios amigos cantándole "Cumpleaños feliz..."

4. Relacione elementos de las tres columnas para formar frases como en el ejemplo.

Yo	perder	mucho dinero el año pasado.
La temperatura	perderse	a todas partes.
Alicia y Jorge	subir	mucho este mediodía.
La empresa	subirse	por teléfono varias veces al día.
Nuestro gato	llamar	siempre en los centros comerciales.
Juan	llamarse	a mis padres tres veces por semana.

a) Yo llamo a mis padres tres veces por semana.
b) ....
c) ....
d) ....
e) ....
f) ....

5. Complete los diálogos con la forma adecuada del verbo: *ir / irse.*

a) – Bueno, esto ya está. ¿Necesita algo más?
   – No, gracias puede ..irse.. .
b) – ¿Van a estar tus padres en la entrega de premios?
   – No, han llamado diciendo que no pueden ....
c) – ¿Puede contestar alguien al teléfono? Estoy en la ducha.
   – Vale, vale. Ya ....

Para expresar ideas complejas correctamente en español es necesario conocer cómo funcionan las estructuras con dos o más verbos. En estas estructuras existen algunas diferencias en español y en inglés.

- **Verbos** (que expresan deseo, esperanza, necesidad de una acción) **con sujeto personal**

Verbo principal (sujeto 1)	Acción relacionada
querer preferir necesitar esperar intentar	+ infinitivo (sujeto 1) + QUE + sujeto 2 + verbo en subjuntivo

Mi hermana (*sujeto 1*) **quiere aprender** a jugar al fútbol. (*My sister wants to learn playing football.*)

Mi madre (*sujeto 1*) **quiere que mi hermano** (*sujeto 2*) **aprenda** a tocar el piano. (*My mother wants my brother to learn to play the piano.*)

¿Prefieres (tú: *sujeto 1*) **cenar** en casa?

¿Prefieres (tú: *sujeto 1*) **que salgamos** (nosotros: *sujeto 2*) a cenar fuera?

Espero (yo: *sujeto 1*) **terminar** este trabajo antes de comer.

Espero (yo: *sujeto 1*) **que terminen** (los obreros: *sujeto 2*) las obras para el verano.

- **Expresiones impersonales** (que expresan la conveniencia, necesidad o el valor de una acción)

Verbo principal (impersonal)	Acción relacionada
Es necesario Es conveniente Es importante Es aconsejable Lo importante, lo necesario es...	+ infinitivo (sujeto ⟶ no específico) + QUE + persona específica + verbo en subjuntivo

No **es necesario planchar** estos pantalones, están bien así.

No **es necesario que planches** (tú) mis pantalones, lo haré yo.

Es **conveniente pedir** la opinión de un experto en estos casos.

Es **conveniente que pidas** (tú) **la opinión** de un experto antes de decidir.

Errores más frecuentes

● **Con verbos como *esperar*, *querer*, *preferir*...**

— ¿Me quieres a ~~ayudarte~~?   ¿Quieres (tú) que (yo) te ayude?

Te necesito de ~~estar~~ aquí   Necesito que (tú) estés aquí
mañana a las 8.   mañana a las 8.

> dos acciones y sujetos diferentes ⟶ **verbo + *que* + (persona 2)
> + subjuntivo**

— Esto es para ti, espero te ~~gusta~~.   Esto es para ti, espero **que te guste**.

Él nunca quiere   Él nunca quiere **que**
~~nosotros~~ vamos a ~~la playa~~.   **nosotros vayamos** a la playa.

> *querer, esperar...* + ***que*** + subjuntivo

— Prefiero que no ~~sales~~ solo a   Prefiero que no **salgas** solo a
estas horas.   estas horas.

¿Quieres que ~~pongo~~ otra música?   Quieres que **ponga** otra música?

> *querer, preferir...* + *que* + **subjuntivo**

● **Con expresiones como *es necesario, es conveniente*...**

— Es conveniente para ~~los niños~~   Es conveniente **que los niños**
a ~~estudiar~~ idiomas en la escuela.   **estudien** idiomas en la escuela.

Soy taxista, por eso, es importante   Soy taxista, por eso, es importante
para ~~mí a~~ comprar un coche   **que compre** un coche
cómodo y seguro.   cómodo y seguro.

No es necesario   No es necesario
~~para ti~~ venir esta tarde.   **que vengas** esta tarde.

> expresión impersonal + ***que*** + **persona específica** + **subjuntivo**

— Es mejor que ~~salimos~~ antes   Es mejor que **salgamos**
de las tres, después hay   antes de las tres, después hay
mucho tráfico.   mucho tráfico.

No es conveniente que le ~~pones~~   No es conveniente que le **pongas**
mucha sal a la comida.   mucha sal a la comida.

> *es conveniente / necesario / importante...* + *que* + **subjuntivo**

EJERCICIOS

1. Ricardo está en el hospital porque se ha roto una pierna. Su amigo Ramón está con él. Lea su conversación y elija la opción correcta para cada frase.

RAMÓN: ¿Quieres (*traer* / *que te traiga*) un libro?

RICARDO: No, gracias, no quiero leer

RAMÓN: ¿Quieres (*abrir* / *que abra*) la ventana?

RICARDO: No, gracias, no tengo calor

RAMÓN: ¿Quieres (*tomar* / *que tome* algo)?

RICARDO: No gracias, no tengo sed.

RAMÓN: ¿Quieres (*irte* / *que me vaya* a casa)?

RICARDO: No, por favor, no quiero quedarme solo.

2. El director de *Tele-Express* presenta sus planes para el nuevo año. Lea las frases y complételas con la opción correcta de las que se presentan en el recuadro.

ampliar	que el cliente tenga	solucionar
~~ofrecer~~	que pierda	ampliar
mejorar	que todos los operadores sean	

a) Queremos ...*ofrecer*... un servicio más eficaz, flexible y de mayor calidad.

b) Queremos .... nuestro sistema de atención telefónica.

c) No queremos .... que esperar y .... el tiempo en la línea equivocada.

d) Queremos .... el horario de atención al público hasta las 12 de la noche.

e) Queremos .... todas las consultas en el momento.

f) Queremos .... expertos en todas las áreas de servicios.

3. Imagine que puede pedir tres deseos. ¿Qué pediría?

Quiero + infinitivo	*Quiero* + que + otra persona + verbo
a) Quiero tener más tiempo libre para disfrutar de los amigos y de la familia.	d) ....
b)	e) ....
c)	f) ....

4. Andrés tiene una entrevista de trabajo y su amiga Maribel le hace algunas recomendaciones. Reformule las recomendaciones generales que se ofrecen personali-
zándolas como en el ejemplo.

Antes de la entrevista:

a) Es aconsejable obtener información sobre la empresa y conocerla.

Andrés, es aconsejable que obtengas información sobre la empresa y la
conozcas.

b) Es conveniente llegar un poco antes de la hora.

c) Es fundamental es estar tranquilo.

Durante la entrevista:

c) Lo fundamental es estar tranquilo.

d) Es imprescindible demostrar confianza en ti mismo.

e) Es necesario hablar de manera clara y concisa.

f) Es bueno transmitir tu deseo de formar parte de su equipo.

g) Es muy importante no mentir.

5. Relacione elementos de las dos columnas y combínelos haciendo recomendaciones
o expresando deseos.

El ayuntamiento	contar con más recursos para atender cuestiones sociales.
Los gobiernos	respetar los tratados internacionales sobre medio ambiente.
Los servicios sociales	tener zonas verdes para los niños.
La ciudad	mejorar el transporte público.

a) Queremos que el ayuntamiento mejore el transporte público.

b) Es prioritario

c) Es fundamental

d) Nos parece justo

Soluciones a los ejercicios

Soluciones a los ejercicios

Unidad 1: Yo, tú, él...

1. a) Sí, soy yo. **b)** Nosotros también. **c)** Somos nosotros. **d)** Yo tampoco. **e)** Yo no, ¿y tú? **2.** él, Ø, tú, él, Yo, Ø, él, Yo, Yo. **3. a)** él, ella, Ø, Él, ella, Ø, Ø. **b)** yo, Yo, yo. **4. a)** ¿Y este del sombrerito rojo? ¿Eres tú? **b)** He ido al médico y Ø me ha dicho que es una pequeña infección de garganta. **c)** Mi hermana y yo somos voluntarias de la Cruz Roja. **d)** Mis amigos quieren ir a esquiar pero yo prefiero ir a la playa. **e)** Ayer salí con Mariano y su novia. Ahora él trabaja en una escuela infantil. **5. Respuesta tipo:** Mi hermano y yo éramos muy diferentes. Yo vestía siempre con ropa clásica; él, en cambio, vestía de forma muy moderna, un poco, hippy. Yo prefería deportes más clásicos, de competición, como el tenis y la natación; él, sin embargo, prefería practicar deporte en la calle y montaba en monopatín y en bicicleta. A mí nunca me gustó la carne y he sido vegetariano desde muy joven, pero a mi hermano le encantaban las hamburguesas, solo comía pizza y hamburguesas. Mi hermano parecía tener una facilidad especial para los estudios y generalmente estudiaba la noche antes del examen; yo, por el contrario, estudiaba todos los días entre dos y tres horas, pero al final los dos teníamos notas muy parecidas. Claro que mi hermano leía muchísimo, devoraba libros de todo tipo, escuchaba música y también iba mucho al cine; yo era más bailarín, me encantaban las fiestas y las discotecas y solo leía lo necesario para clase. **5. a)** Yo soy Sara y ella es María. **b)** Él trabaja en una guardería y ella es policía. **c)** ¡Mira esta foto! Soy yo con el pelo largo. **6. Respuesta tipo: a)** Yo soy Sara y ella es María. **b)** Él trabaja en una guardería y ella es policía. **c)** ¡Mira esa foto! Soy yo con el pelo largo.

Unidad 2: Artículos: el, la, un, una...

1. a) Sí, sí, lo tengo todo; me voy al aeropuerto y te llamo cuando llegue a Roma. **b)** Es pintor. **c)** Buenos días, ¿puedo hablar con el señor Jiménez, por favor? **d)** No está, está en Puerto Rico, ahora no tiene trabajo y se ha ido a ver a su madre. **e)** Ese reloj tiene la hora equivocada, ¿no? **2. a)** el. **b)** El. **c)** la. **d)** Ø. **e)** las. **f)** Ø. **3. Respuesta tipo: a)** Mi hermana Ana es maestra; Mi abuela es ama de casa; Mi tía Rosa es ingeniera... **b)** Me gusta mucho el tenis; Me encanta nadar; No me gustan los deportes de montaña... **c)** Otro problema importante es el paro, Otro el tráfico; Otro, la delincuencia... **d)** ¿El hotel tiene piscina?; ¿Las habitaciones tienen terraza?; ¿El hotel tiene caja fuerte?... **e)** Unas botas para andar; Una guía de arte azteca; Un traje de baño... **4.** una, las, Ø, el, Ø, los, la, la, los, Ø, la, Ø. **5. a)** Si quieres te llevo, tengo el coche. **b)** Este informe dice que el / un 50 % de la población adulta lee el periódico los domingos. **c)** A mí me encantan los animales: tengo dos gatos y tres perros. **d)** Ha estado frente al ordenador todo el día y ahora le duelen los ojos. **e)** Me gustaría aprender otro idioma, pero no tengo tiempo. **f)** Los móviles han revolucionado el mundo de las comunicaciones.

Soluciones a los ejercicios

Unidad 3: Posesivos: *mi, tu... / mío, tuyo... / el mío, el tuyo...*

1. a) -C. b) -E. c) -B. d) -F. e) -A. f) -D. **2.** Respuesta tipo: a) *El mío es el 6 de febrero* b) *La mía es el pop.* c) *El mío es un IBM.* d) *Los míos son unos chicos escoceses que son universitarios.* e) *En el mío es bastante normal tomar parte de las vacaciones en invierno.* f) *El mío no tenía jardín, tenía un gran patio para jugar.* **3.** a) *sus.* b) *los míos.* c) *mis.* d) *suyo.* e) *El vuestro.* f) *suyos, los suyos.* **4.** a) *tus.* b) *Mi.* c) *nuestro, vuestro.* d) *su, su, sus* e) *mi, tuya.* f) *nuestros, suyos.* **5.** a) *Bueno, la tuya también es bien bonita.* b) *Me la ha regalado un primo mío que vive en Londres.* c) *¡Qué coincidencia! Mi padre también.* d) *No, la amarilla no es su casa. La suya es la verde.* e) *Oye, pero ¿no es el tuyo?* f) *¡Ah! Lo siento. Rosa me dijo que era suyo.* g) *A nuestra hermana le encanta el marisco.*

Unidad 4: Neutros: *esto, eso, lo...*

1. a) -C. b) -A. c) -E. d) -D. e) -B. **2.** a) *lo mejor.* b) *Lo que.* c) *Lo que.* d) *Lo malo o Lo peor.* e) *Lo que.* f) *Lo mejor o Lo más hermoso.* **3.** *todo esto, lo que, esto, esto, Eso, Lo malo, lo que, estos, Ese, estas, Esa.* **4.** *eso, lo que, eso, Lo que, eso, lo, Lo.* **5.** a) *He ido de compras. Mira, me he comprado esta falda y estos pantalones.* b) *¡Ah! Y te traje lo que querías. Está sobre la mesa.* c) *¿Qué es esto o eso? ¿Para qué sirve?* d) *Lo bueno de ti es tu experiencia y tu paciencia para explicar las cosas.* e) *Salí ayer y anteayer y estoy cansada, por eso no quiero salir hoy.* f) *¿Qué era aquello que me dijiste el otro día? Algo sobre María, pero no me acuerdo qué.*

Unidad 5: Cantidad indeterminada: *algún, algunos...*

1. a) *No, no tengo nada.* b) *No, no tengo ninguno.* c) *Sí, tengo una.* d) *No, gracias, tengo suficiente.* **2.** a) *ningún.* b) *algún, ninguno.* c) *algún.* d) *algunos.* **3.** *poca gente, algunos pasajeros, ningún empleado, ninguno de los vuelos, unos churros, algunos de los mostradores, algunas preguntas, alguna otra persona, Algún extraño, ninguno de los objetos.* **4.** a) *Este año he engordado, no me sirven ningunos pantalones.* b) *¿Alguno de vosotros ha visto mis llaves?* c) *Ya quedan pocos días para las vacaciones.* d) *Si queréis pongo un poco de música ¿Os apetece algún disco en especial?* e) *Algunos de los libros que pedí ya han llegado.* **5. Respuesta tipo:** a) *¿Conoces algún restaurante vegetariano?* b) *¿Alguno de vosotros puede traducir esta noticia del inglés?* c) *¿Ha habido alguna llamada para mí? o ¿Alguno ha contestado a alguna llamada para mí?* d) *¿Viste algún mono?* e) *¿Hicisteis muchas fotos? o ¿Sacasteis alguna foto?* f) *¿Vamos a tomar algo a algún sitio esta tarde?*

Unidad 6: Preposiciones (1)

1. a) *al trabajo.* **b)** *el trabajo.* **c)** *del trabajo.* **d)** *al trabajo.* **e)** *del trabajo.* **f)** *en el trabajo.* **2. a)** *Los Alpes es la cordillera más importante de Europa.* **b)** *El Aconcagua es el pico más alto de América del Sur.* **c)** *El Volga es el río más largo de Europa.* **d)** *El Sahara es el desierto más grande de África.* **e)** *El Amazonas es el río más largo de América del Sur.* **f)** *El Everest es el pico más alto del mundo.* **g)** *Los Andes es la cordillera más importante de América del Sur.* **h)** *El Kilimanjaro es el pico más alto de África.* **3. a)** Ø. **b)** *a.* **c)** *de.* **d)** *a.* **e)** *de.* **f)** *de.* **g)** Ø. **4.** *El verano pasado estuvimos de vacaciones en la Costa Tropical y visitamos a unos amigos que tienen una casita en la Alpujarra. En esta foto estamos en la playa con ellos. El rubio de la camisa de flores es un amigo mío. Nos quedamos en su casa casi una semana y el día antes de irnos, invitaron a algunos vecinos y amigos a una barbacoa para despedirnos. Lo pasamos fenomenal, la verdad. Serán unas vacaciones difíciles de olvidar.* **5. a)** *No entiendo a Susana, habla demasiado rápido.* **b)** *La chica de negro es mi hermana mayor.* **c)** *Como siempre, mi primo Ricardo ha escogido el regalo más caro de todo el catálogo.* **d)** *Cuando regresamos a casa ya era muy tarde.* **e)** *¿Puedo usar el teléfono, por favor, Marta? Necesito hacer una llamada urgente.* **f)** *Antes de firmar el contrato de alquiler, lee bien la letra pequeña.* **g)** *Llegamos al aeropuerto de Barcelona el domingo por la mañana.* **h)** *Vamos a salir al jardín después de la cena.* **i)** *Vine a Argentina hace dos años.*

Unidad 7: Preposiciones (2): *por y para*

1. a) *para esa fecha.* **b)** *por esas fechas.* **c)** *para mis padres.* **d)** *por mis padres.* **e)** *para la costa.* **f)** *por la costa.* **2. a)** *Te he reconocido por la bicicleta, ¡nunca he visto otra igual!* **b)** *Estos periódicos son para tirar al contenedor de papel.* **c)** *¿Qué quieres de regalo para tu cumpleaños?* **d)** *No se preocupe, le enviamos el paquete por avión y lo recibirá en dos días.* **e)** *Es muy desordenado, siempre deja todo por el suelo.* **f)** *– ¿Cuándo te cambias de casa? – Si todo sale bien, para Navidad.* **3. a)** *por eso.* **b)** *por suerte.* **c)** *para variar.* **d)** *por casualidad.* **4.** *Millones de personas de todo el mundo viven en la miseria y el sufrimiento. Son personas que viven en países castigados por el hambre, por las enfermedades o por la guerra. Mucha gente ha tenido que abandonar sus países para salvar su vida. Por estas y otras causas su existencia se convierte en una continua lucha por la supervivencia. Nosotros intentamos hacer algo por su salud, por su educación y por su bienestar. Pero necesitamos la ayuda de usted para conseguirlo, para darles una oportunidad, para defender sus derechos.* **5. a)** *El jefe ha felicitado a nuestro equipo por la buena campaña de ventas y además me van a subir el sueldo para el mes que viene.* **b)** *Para llegar a tiempo necesitamos ir por la autopista, es más rápido.* **c)** *¡Te han hecho director! No sabes cómo me alegro por ti, esto es un gran cambio para todos.* **d)** *Esto es un pequeño obsequio para usted, para agradecerle todo lo que ha hecho por mí.*

Unidad 8: *Ser y estar*

1. a) *Lo siento, pero no es aquí. Se ha equivocado. Este es el despacho de la Sra. Moreno.* **b)** *¿No es el 556 368, el despacho de abogados?* **c)** *Creo que sí está, pero tendrá que volver a llamar y marcar su extensión, yo no puedo pasarle.* **d)** *Muy bien. Gracias y perdone.* **2. a)** *es.* **b)** *Estoy, está.* **c)** *He estado, es, son, están.* **d)** *eres, estoy, está.* **3.** *es, está, es, son, son, estamos, estás, estoy, son.* **4. Respuesta tipo: a)** *Es serio.* **b)** *Está triste.* **c)** *Es de París.* **d)** *Está en París.* **e)** *Es técnico informático.* **f)** *Está buenísima.* **g)** *Es buena.* **5. Respuesta tipo: a)** *Me gusta Lucía porque es una persona muy tranquila.* **b)** *La boda es en la Catedral, que está muy cerca de mi casa. Podemos ir andando.* **c)** *Estuve trabajando toda la noche y estoy muy cansado.* **d)** *Estos plátanos están verdes, no están listos para comer.* **e)** *Dormir bien es lo mejor para estar de buen humor por la mañana.*

Unidad 9: *Gustar, interesar, apetecer...*

1. a) *-B.* **b)** *-E.* **c)** *-D.* **d)** *-A.* **e)** *-C.* **f)** *-F.* **2.** *me gustan, Me interesan, me aburre, me encanta, me gusta, me interesa, me aburren, me encantan.* **3. Respuesta tipo:** *Soy una persona muy tranquila y leer es lo que más me gusta. También me gustan los documentales, me encantan los programas de viajes y sobre culturas diferentes. Las teleseries, sin embargo, me aburren mucho. Los fines de semana, me encanta cocinar para mis amigos. No soy muy deportista, pero me gusta nadar, pasear y sobre todo bailar. La política me aburre a veces y no me interesa mucho la economía, en cambio los temas medioambientales y la injusticia social me interesan muchísimo.* **4. Respuesta tipo: a)** *Me interesa la astrología.* **b)** *¿Te duelen las muelas?* **c)** *Le duele la cabeza.* **d)** *Nos apetecen unos macarrones con tomate.* **e)** *¿Os apetece una sopa de pescado?* **f)** *Les gustan las películas de terror.* **g)** *Nos gusta nadar.* **h)** *Le interesan las culturas antiguas.* **5. a)** *Me gustan mucho tus zapatos, ¿dónde los has comprado?* **b)** *Ana dice que no le apetece ir a un restaurante chino.* **c)** *Vamos a descansar, por favor, me duelen mucho los pies.* **d)** *Ya no salgo con Julio y Juan porque ahora a ellos les interesan otras cosas.* **e)** *A mi hermana le encanta la música latina.*

Unidad 10: Pasados

1. llegó, Eran, notó, había, estaba, empezó, había, eran, llevaban, eran, iban, llevaban. **2.** Estudié, tenía, encontraba, Viví, conocía, Tuve, Conocí, vivía, estudiaba, encontré. **3. a)** Cuando conocí a mi pareja, los dos trabajábamos en la misma empresa. **b)** Como tenía hambre, se compró un bocadillo y ahora no quiere comer. **c)** Llegué tarde a la entrevista porque había mucho tráfico. **d)** ¿Por qué no me llamaste por teléfono? Estaba muy preocupado por ti. **e)** Ganó su primer concurso de cuentos infantiles cuando tenía 10 años. **f)** Corrí al supermercado pero ya estaba cerrado. **g)** No me gustaban los zapatos, así que los cambié. **h)** Me encantó la película porque tenía muy buena fotografía. **4. a)** El domingo pasado fuimos al parque de atracciones, pero no nos subimos en la montaña rusa. **b)** Anoche se fue a la cama temprano porque hoy tenía que madrugar. **c)** De pequeña era una niña muy sociable y tenía muchos amigos. **d)** Como era muy tarde, decidimos parar y dormir en casa de los primos. **e)** Pasó su infancia en el extranjero, pero a los 12 años su familia se mudó definitivamente a España. **5. Respuesta tipo: a)** No acepté el trabajo porque prefería no cambiar en ese momento. **b)** Hacía demasiado calor, por eso nos quedamos en el hotel que tenía aire acondicionado. **c)** El autobús nos estaba esperando cuando llegamos al aeropuerto. **d)** Como era muy temprano, las calles estaban desiertas. **e)** Aunque tenía un mapa, se perdió en el laberinto de calles de la zona antigua. **f)** No pudo entender lo que decían porque hablaban muy bajo y en otro idioma.

Unidad 11: La negación

1. a) Yo tampoco. **b)** Vámonos, aquí no hay nadie. **c)** No, ni la mexicana ni la cubana. **d)** No, de verdad, no se puede hacer nada. **e)** Sí, es que nadie puede acompañarme. **2. a)** Nadie me cuenta nunca nada. **b)** No tengo hermanos ni hermanas. **c)** No he ido nunca a la ópera. **d)** La vida de los famosos no me interesa en absoluto. **e)** ¡Decídete! ¿Quieres algo o no quieres nada? **f)** Si yo no voy, él tampoco quiere ir. o Si él no quiere ir, yo tampoco voy. **3. a)** no, nunca. **b)** No, nada. **c)** no, ni. **d)** No, nunca. **e)** no, nada. **f)** no, nadie. **g)** Sin, ni. **4. a)** A mi hijo no le gusta nada la fruta ni la verdura. **b)** Lo siento, pero no quedan entradas para esta noche. **c)** No, no tengo novia. Ahora mismo no salgo con nadie. **d)** Con tantos exámenes, llevo un mes sin salir ni ver una película. **e)** Jamás fue mi intención vivir en Londres tanto tiempo. **f)** Ana no quiere nada tampoco. **5. Respuesta tipo: a)** En el museo no se podía ver nada porque había demasiada gente. **b)** No, no me gustó nada. Todo tenía chiles y no soporto el picante. **c)** Bueno, ¿no haría mal tiempo? **d)** No pude comprar nada porque perdí la cartera y tuve que cancelar las tarjetas de crédito. **e)** ¿Al menos habrás practicado español? **f)** Pues, no muchos. Esa excursión se canceló. **g)** No, el vuelo tuvo mucho retraso y, cuando por fin llegamos, el guía ya no estaba.

Soluciones a los ejercicios

Unidad 12: ¿Desde cuándo?; Desde...; Desde hace...; Hace...

1. *hace, desde que, hace, desde, lleva.* **2. Respuesta tipo: a)** *¿Cuándo conociste a tu marido?* **b)** *¿desde cuándo conoces a tu marido?* **c)** *¿Cuánto tiempo hace que vives en Valencia?, ¿cuánto tiempo hace que te casaste?, ¿Cuándo te casaste? ¿cuándo te fuiste a vivir a Valencia?* **d)** *¿desde cuándo trabajas aquí?* **e)** *¿desde cuándo vives en Valencia? ¿desde cuándo estás casada?* **f)** *¿cuánto tiempo llevas casada? ¿cuánto tiempo llevas viviendo en Valencia?* **3. Respuesta tipo: a)** *Lleva dos noches sin dormir.* **b)** *Trabaja en esa empresa desde 1999.* **c)** *Salió de casa hace un rato.* **d)** *Llevan varios meses viajando por América Latina.* **e)** *Salen juntos desde hace un año.* **f)** *Ha perdido peso desde abril.* **4. a)** *¿Cuánto tiempo hace que compraste el ordenador?* **b)** *Desde que tuvo el accidente no ha conducido el coche.* **c)** *¿Cuánto tiempo llevas hablando por teléfono? Te va a costar una fortuna.* **d)** *Lo sabemos desde hace dos semanas.* **e)** *Hace dos meses que no voy al teatro.* **f)** *¿Desde cuándo tienes este problema con el ordenador?* **5. Respuesta tipo:** *Lunes) hace dos semanas, desde entonces, llevaba 10 horas. Martes) desde hace tres días, hace dos días. Miércoles) llevo un mes, hace una semana.*

Unidad 13: ¿Qué o cuál?

1. a) *-B.* **b)** *-A.* **c)** *-E.* **d)** *-C.* **e)** *-D.* **2.** *Qué, qué, qué, cuáles, qué, Cuál.* **3. a)** *Qué.* **b)** *Qué, cuál.* **c)** *qué.* **d)** *Cuál.* **e)** *qué.* **4. Respuesta tipo: a)** *¿Qué tipo de música te gusta más?* **b)** *¿Qué vas a tomar?* **c)** *¿Qué pasa?* o *¿Cuál es el problema?* **d)** *¿Cuáles te gustan más?* **e)** *¿Cuál es la diferencia?* o *¿Qué diferencia hay entre los dos?* **5. Respuesta tipo: a)** *¿Cuál ha sido su error más importante?* o *¿Qué ha aprendido de sus errores?* **b)** *¿Cuál ha sido su mejor trabajo hasta ahora?* **c)** *¿Cuál ha sido su proyecto más creativo?* o *¿Qué proyecto ha sido el más creativo de su carrera?* **d)** *¿Cuál es su anuncio favorito?* o *¿Qué anuncio reciente le ha gustado menos?* **e)** *¿Cuáles son sus puntos fuertes?* o *¿Qué puntos débiles tiene usted?* **f)** *¿Qué sabe usted de nuestra empresa?* **g)** *¿Cuáles son sus metas y expectativas para el futuro?* o *¿Qué expectativas tiene para el futuro?*

Unidad 14: Verbos con *se* y verbos sin *se*

1. a) *Bájate de esa escalera, te vas a caer.* **b)** *Baja la música, por favor, estoy trabajando.* **c)** *Nos conocimos en Turquía.* **d)** *Conocimos al embajador de Turquía.* **e)** *Pareces cansada, ¿estás bien?* **f)** *No te pareces nada a tu hermana.* **g)** *Necesito dormir 8 horas al día.* **h)** *El niño se duerme normalmente a las 9.* **i)** *No podemos ir contigo a la fiesta de Andrés.* **j)** *Se fue sin decir adiós.* **2.** *os veis, nos encontramos, os saludasteis, nos abrazamos, nos despedimos, quedamos, vernos.* **3.** *duerme, volver, acostarse, se duerme, se baja, acostar, baja, volverse.* **4. a)** *Yo llamo a mis padres tres veces por semana.* **b)** *La temperatura ha subido mucho este mediodía.* **c)** *Alicia y Jorge se llaman por teléfono varias veces al día.* **d)** *La empresa perdió mucho dinero el año pasado.* **e)** *Nuestro gato se sube a todas partes.* **f)** *Juan se pierde siempre en los centros comerciales.* **5. a)** *irse.* **b)** *ir.* **c)** *voy.*

Unidad 15: Estructuras con infinitivo y con subjuntivo

1. *¿Quieres que te traiga un libro?; ¿Quieres que abra la ventana?; ¿Quieres tomar algo?; ¿Quieres que me vaya a casa?* **2. a)** *ofrecer.* **b)** *mejorar.* **c)** *que el cliente tenga, que pierda.* **d)** *ampliar.* **e)** *solucionar.* **f)** *que todos los operadores sean.* **3. Respuesta tipo: a)** *Quiero tener más tiempo libre para disfrutar de los amigos y de la familia.* **b)** *Quiero conocer otros países y culturas.* **c)** *Quiero ayudar a otras personas.* **d)** *Quiero que se terminen las dictaduras, las guerras y la intolerancia.* **e)** *Quiero que no haya hambre en el mundo.* **f)** *Quiero que todos cuidemos más nuestro planeta.* **4. a)** *Andrés, es aconsejable que obtengas información sobre la empresa y la conozcas.* **b)** *Es conveniente que llegues un poco antes de la hora.* **c)** *Es fundamental que estés tranquilo.* **d)** *Es imprescindible que demuestres confianza en ti mismo.* **e)** *Es necesario que hables de manera clara y concisa.* **f)** *Es bueno que transmitas tu deseo de formar parte de su equipo.* **g)** *Es muy importante que no mientas.* **5. a)** *Queremos que el ayuntamiento mejore el transporte público.* **b)** *Es prioritario que los gobiernos respeten los tratados internacionales sobre medio ambiente.* **c)** *Es fundamental que la ciudad tenga zonas verdes para los niños.* **d)** *Nos parece justo que los servicios sociales cuenten con más recursos para atender cuestiones sociales.*